U0931122

协调发展道路

浙江—广元东西部扶贫协作的实践

中国扶贫发展中心　组织编写

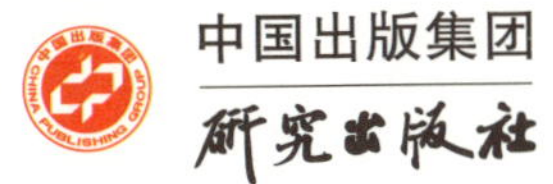

编审指导委员会

主　任：王　菲　邹自景

副主任：冯　磊　谢晓东　杨　浩

委　员：杨　敏　汪　明　罗星原　蒲国春　彭仕扬

赵晓春　王尔敏　罗　捷　李建军　文凌云

李成保　白少强

评审专家（按姓氏笔画排序）

王小林　王晓毅　左　停　李国强　张　琦

张春晖　罗朝立　曾佑志

课 题 组

组　长：向德平

副组长：陈　琦

成　员：李雪萍　程　玲　顾永红　宋　雯　苏　海

胡振光　王　蒙　向雪琪　梅莹莹　罗珍珍

向　凯　张　坤　吕明月　卫兴国　吴青霞

蒋鑫鑫　龙　霞

东西部扶贫协作和对口支援，是推动区域协调发展、协同发展、共同发展的大战略，是加强区域合作、优化产业布局、拓展对内对外开放新空间的大布局，是实现先富帮后富、最终实现共同富裕目标的大举措，必须长期坚持下去。

——习近平总书记2016年7月20日在
东西部扶贫协作座谈会上的讲话

目 录

CONTENTS

第一篇　综合报告

浙江—广元扶贫协作的实践创新及其启示

习近平总书记指出:"东西部扶贫协作和对口支援，是推动区域协调发展、协同发展、共同发展的大战略，是加强区域合作、优化产业布局、拓展对内对外开放新空间的大布局，是实现先富帮后富、最终实现共同富裕目标的大举措。"浙江—广元扶贫协作是践行习近平总书记关于东西部扶贫协作重要论述的生动实践。

1996年，为了贯彻落实邓小平"两个大局"的战略思想，充分发挥社会主义制度集中力量办大事的优越性，中共中央、国务院召开中央扶贫开发工作会议，作出东部地区对口帮扶西部地区的重大战略性和制度性安排，全面部署对口帮扶工作，明确浙江省对口帮扶四川省广元市和南充市，浙江和广元的协作结对关系自此建立。2002年12月，时任浙江省委书记的习近平致信广元，提出"我们手拉手，共同奔小康";2004年5月，习近平同志率领浙江省党政代表团到广元视察，提出"领导要更加重视、思路要更加拓宽、措施要更加有力、工作要更加扎实"的要求;2005年6月，习近平同志在杭州接见广元市党政代表团，强调"希望广元抓住机遇，寻求发展的突破，创造飞跃发展的有利条件";2007年3月，习近平同志到上海工作后，再次致信广元并深情地说"我始终牵挂着广元的发展和进步";

2018年10月，习近平总书记亲自关心的浙江安吉黄杜村捐赠的“白叶一号”茶苗落户广元青川。“两封来信”“一次视察”“一次接见”，充分彰显了习近平同志对革命老区人民的深切关怀，极大提振了广元人民脱贫奔小康的信心和决心。

20多年来，浙广两地人民牢记习近平同志的殷殷嘱托，认真贯彻落实习近平总书记关于东西部扶贫协作重要论述精神，切实增强责任意识和使命担当，聚焦精准扶贫精准脱贫，建立健全协作机制，优化完善结对关系，持续深化人才交流，深入拓展产业合作，不断丰富协作方式，推动东西部扶贫协作示范市创建工作取得突破性进展，探索出新时代东西部扶贫协作的“浙广模式”。截至目前，广元脱贫攻坚取得了决定性胜利，广元经济社会实现了跨越式发展，“浙江力量”功不可没！

“十四五”时期，广元将认真贯彻落实党的十九届五中全会精神，深化东西部协作，坚定不移贯彻新发展理念，积极融入以国内大循环为主体、国际国内双循环相互促进的新发展格局，加快建设川陕甘接合部现代化中心城市，开启社会主义现代化建设新征程。

一、浙江—广元扶贫协作的历程回顾

广元古称利州，地处四川省北部、大巴山南麓、嘉陵江上游，毗邻陕甘两省，素有“川北门户、蜀道咽喉”之称。广元辖4县3区，包括苍溪、旺苍、剑阁、青川4县和利州、昭化、朝天3区，共23个乡、112个镇、7个街道，辖区面积1.63万平方公里。广元市是川陕革命老区、边远山区、集中连片贫困地区和地震重灾区“四区合一”的典型，自古以来就是贫困高发地区。

广元的贫困具有贫困面广、量大、程度深、多维贫困交织等特征。一是贫困面广，区域性贫困突出。广元处于秦巴集中连片贫困地区，贫困面积较大，属于区域性贫困，且构成整体连片贫困。2013 年广元全市 100% 的县区是贫困县区、100% 的乡镇有贫困村、100% 的行政村有贫困人口。二是贫困量大，贫困发生率高。截至 2013 年底，广元共有农村建档立卡贫困人口 34.82 万人，占全省的 5.6%，贫困发生率为 14.6%，高出全省 5 个百分点，居全省第四位，青川县、剑阁县、旺苍县分别以 16.2%、16.3%、15.6% 超过全市平均水平，居前三位。三是贫困程度深，脱贫难度较大。截至 2013 年底，广元全市有低保贫困户 36552 户，占 33.9%，残疾贫困户 3326 户，占 3.09%；贫困人口中老龄化现象突出，60 岁以上者占 27.8%；赤贫群体较大，需要政策兜底的群体数量较多；全市有 49033 户，占总数 50.3% 的贫困户住房安全没有保障，危房改造任务也较为艰巨。四是多维贫困交织，贫困风险较高。同时存在物质贫困、能力贫困、精神贫困等多种贫困交织的情况，致灾风险因素较多，返贫风险较高。

从 1996 年以来，浙广携手历经浙江对口帮扶广元、浙江对口支援青川县灾后重建（含长效帮扶）、浙江—广元扶贫协作三个重要历史时期。在不同的历史时期，浙广两地坚定把习近平同志提出的“我们手拉手，共同奔小康”殷切期望，作为高质量开展东西部扶贫协作的强大动力和生动实践，取得丰硕成果。浙江—广元扶贫协作创新充分体现了社会主义大家庭的温暖，充分彰显了中国特色社会主义制度的巨大优越性。

（一）对口帮扶时期（1996—2008 年）

1996 年至 2008 年期间，特别是习近平同志第一次来信和来广元考察调研之后，浙广对口帮扶进入一个新阶段，浙广两地通过认真贯彻落实习近平同志一系列理念思路和指示要求，推动浙广对口帮扶水平不断提升。一是推动思想观念大转变，形成对内开放新共识。广元全市上下充分认识到，作为不发达地区，广元与东部沿海地区特别是浙江的差距根本上是思想观念上的差距，是思维方式上的差距。因此，广元市委要求，要借浙江对口帮扶广元的重大机遇，进一步转变思想观念，形成对内开放新共识。这一时期，广元市委在全市上下开展“学浙江、找差距、添措施、促发展”大讨论；选拔大批干部到浙江省、市、县挂职锻炼；派出各层级各行业考察团到浙江学习先进经验，开阔眼界，增长见识，接受新生事物；申请浙江方面选派优秀干部来广元市挂职，传播新思想、新理念。二是注重产业帮扶，积蓄发展后劲。在对口帮扶中，浙江和广元认真贯彻落实习近平同志关于坚持发挥产业带动作用的发展理念，高度重视产业帮扶及其引领作用。在理念上将“输血式”帮扶调整为“造血式”帮扶；在帮扶范围上由单纯农业帮扶向农业、工业、商业等多领域拓展；在帮扶方式上通过对内开放招引一批重点企业改造升级广元传统产业，如娃哈哈、青春宝等一大批明星企业先后入驻广元；在帮扶对象上推进实施多层次合作，浙江一大批农、工、商实体私营企业来广元投资兴业、办厂设店，浙商、温商遍布广元城乡。这一时期，浙广双方实施经济技术合作项目达160多个，总投资近13亿元。通过产业帮扶，广元经济发展后劲得以进一步积蓄。三是发力新农村建设，实施示范新村工程。两地携手重点实施浙广新村示范工程、浙广对口协作工程、浙广对口培训工程等一系列具有标志性、示范性、带动性的脱贫致富系统工程。在新村建设上，全市先后建成扶贫示范新村191个；在农业产业发展上，广元以山区丰富的农业资源招商，与浙江开展农业产业协作，引进了72项农业科技开发项目，逐步培育了一批特色农副产品基地和新兴产业；在民生设施建设上，浙江为广元援建学校71所、卫生院70所，实施了一批“五小水利”、乡村道路改造和新建工程，改善了广元贫困乡村基础设施。

（二）灾后援建（含长效帮扶）时期（2008—2017年）

2008年至2011年期间，“5·12”汶川特大地震发生后，按照中央“一省帮一重灾县”的对口支援政策，浙江以高度的政治责任感全力以赴对口支援青川县灾后重建。在对口援建过程中，浙江高度重视民生援建、产业援建、智力援建和基础设施援建，圆满实现了“把青川建设得更加美好”的庄严承诺，累计完成援建项目547个，投资87亿元。一是突出民生优先，着力惠民援建。援建方和受援方各级党委、政府把民生摆在优先位置，紧紧围绕灾区住房难、上学难、就医难、饮水难等问题，在重建规划研制、援建项目提出、资金投向等方面突出民生领域，实现了“最漂亮的是民居、最安全的是学校、最现代的是医院”的援建效果。二是突出产业振兴，着力富民援建。在对口援建中，双方着眼长远发展，高度重视农业特色基地、商贸市场、旅游景区、生产企业的灾后重建，特别是双方通力合作、高水平规划和建设的川浙合作产业园、浙商产业园等工业园区，已成为广元经济新的增长点。三是突出基础设施高水平恢复，着力强基援建。双方将道路、桥梁、防洪堤、农田水利、市政工程等基础设施列为援建工程的重中之重，进一步积蓄了灾区发展后劲。在浙江等援建地区的大力支持下，广元啃下了“三年灾后重建，两年基本完成”的繁重任务，实现了“原地起立”到“原地起跳”，更奠定了广元跨越发展的坚实基础。

2011年至2017年期间，浙江在对口援建广元青川的基础上，针对青川县贫困面广、贫困量大、贫困程度深的实际，着眼青川长远发展，启动了2011—2020年十年长效帮扶，每年安排项目资金1000万元，推动青川经济社会全面发展。一是突出产业培育，夯实长效发展基础。青川县把浙江长效帮扶项目纳入重点民生工程，六年间，共投入农业产业帮扶资金3715万元，实施了茶叶加工、油橄榄、特困村建设等产业项目70个。青川茶产业稳步发展，全县茶叶生产基地规模已达到25.1万亩，规模加工企业、大户157家，茶叶专业合作社11个，成为四川省20个茶叶发展重点县之一。青川出产的“七佛贡茶”被国家质检总局认定为“国家地理标志保护产品”，被中国国际茶文化研究会授予“中华文化名茶”称号，2015年被中国茶叶区域公用品牌价值评估课题组评估品牌价值为8.61亿元。二是突出智力帮扶，增强内生发展动力。按照“输血与造血相结合”的方针，青川县依托浙江技术力量，注重产业带头人的技术培训。六年间，共举办脱贫攻坚干部、各类专业技术人才、农村致富带头人等各类专题培训班200期1.2万余人次。实施卫生系统智力支援计划，对青川600多名医务人员进行了全面的业务培训，提高了县域医疗卫生服务水平。三是突出以人为本，精准帮扶困难群众。六年间，浙江长效帮扶贫困救助资金780万元，共救助贫困农户、贫困学生6278名。四是突出机制创新，不断深化帮扶内涵。创新建立了校企、校县、县企等帮扶合作模式，不断拓展帮扶的内涵和外延。六年间，积极招引浙江企业参与青川的开发建设，共落实经贸合作项目42个，总投资20.9亿元，到位资金11亿元。

（三）扶贫协作时期（2017年至今）

2016年7月20日，习近平总书记在银川召开的全国东西部扶贫协作座谈会上发表重要讲话，全面安排部署“十三五”时期东西部扶贫协作和对口支援工作。为深入贯彻落实习近平总书记重要讲话精神，广元市委高度重视，认真分析研判，在协作定位、协作机制、协作思路、协作措施等方面作出重大安排部署，大力推动浙江—广元扶贫协作迈出新步伐、创造新成效。一是强化责任担当，明确协作定位。在综合分析研判基础上，广元市委旗帜鲜明地提出创建东西部扶贫协作示范市的战略目标，聚焦聚力提升组织保障力度、对口帮扶精度、产业合作深度，促进广元走在东西部扶贫协作工作前列，从而实现精准扶贫、精准脱贫、优势互补、互利共赢。二是坚持统筹协调，构建协作机制。浙广双方建立各层级互访机制和联席会议制度、行业部门对口合作机制、扶贫协作会商机制。出台《浙广东西部扶贫协作三年行动实施方案（2018—2020年）》《广元市浙广扶贫协作领导小组工作规则》和《广元市浙广扶贫协作领导小组办公室工作细则》，签订广元—台州、广元—湖州、广元—丽水扶贫协作框架协议。三是注重顶层设计，明确协作思路。创新提出大协作思路，明确以产业合作为突破、人才支援为动力、帮扶项目为重心、劳务协作为支撑、携手奔小康为纽带、组织领导为保障，携手浙江共同创建东西部扶贫协作示范市。四是聚焦产业发展，抓实协作措施。创新打造"八个一批"东西部扶贫协作工程，全面实施"666231"工程、"四个计划"智力帮扶；聚焦工业发展、特色农业开发、生态康养旅游和特色红色文化产业开发三大方面深化产业合作。其中，习近平总书记关心的安吉"白叶一号"茶苗项目于2018年10月落地青川，现种植面积达到5217亩，带动6个乡镇1817名贫困群众增收致富。"白叶一号"茶苗已成为两地协作的纽带、友谊的信使，成为青川贫困群众的致富叶、奔康叶，正演绎着"一片叶子再富一方百姓"的绿色传奇。

二、浙江—广元扶贫协作的实践创新

20多年来，浙江以强烈的政治担当、务实的工作作风、扎实的帮扶举措，广泛参与支持广元经济社会建设；广元认真贯彻落实习近平总书记关于对口帮扶和东西部扶贫协作重要论述精神，在思想上高度重视，行动上认真践行，多点发力，推动浙江—广元扶贫协作水平不断提升，逐步形成东西部扶贫协作的"浙广模式"。

（一）“12345”系统谋划部署

1. 一个主题：我们手拉手，共同奔小康

习近平同志担任浙江省委书记、代省长时，就非常关心浙广东西部扶贫协作，他在“两封来信”“一次视察”“一次接见”中提出的“我们手拉手，共同奔小康”等关于浙江—广元扶贫协作的重要指示，充分彰显了习近平总书记对革命老区人民的深切关怀，对带领人民群众摆脱贫困、实现共同富裕的崇高追求，对区域协调发展的战略谋划，是做好新一轮东西部扶贫协作的重要遵循。

习近平同志对广元的“两封来信”“一次视察”“一次接见”，是新时代宝贵的新红色文化，充分彰显了社会主义制度的巨大优越性和社会主义大家庭的温暖。“两封来信”“一次视察”“一次接见”蕴含了东西部扶贫协作的战略意义、政治属性、动力源泉和实践路径等重要思想。对巩固提升对口帮扶、灾后援建成果，进一步深化东西部扶贫协作，全面打赢脱贫攻坚战，解决区域发展不平衡不充分的问题，具有重要理论指导和实践意义。在浙川两省省委、省政府的坚强领导和大力支持下，浙广两地深入学习贯彻习近平总书记关于东西部扶贫协作重要指示精神，坚定把总书记提出的“我们手拉手，共同奔小康”殷切期望，作为东西部扶贫协作的强大动力和生动实践，坚持以创建东西部扶贫协作示范市为抓手，坚持以脱贫攻坚统揽经济社会发展全局，在推动整体连片贫困到同步全面小康跨越、构建区域协同发展新格局上取得明显成效。

2. 两大任务：精准扶贫和协同发展

浙江—广元扶贫协作中始终聚焦“精准扶贫”和“协同发展”两大任务，全面布局浙江—广元扶贫协作，在协作过程中聚焦精准扶贫，助推广元脱贫攻坚取得了决定性胜利，同时聚焦协同发展，稳步推进浙广在经济、

社会、文化等多方面的交流合作和共同进步。

一是聚焦精准扶贫。始终瞄准贫困人口、贫困地区，聚焦“两不愁三保障”，精准施策，补短强弱，确保扶到点上、帮到根上。其一，抓实产业合作，围绕现代特色农业“7+3”产业体系，坚持“三园联动”，建成茶叶、猕猴桃等特色农业万亩产业基地10个和核桃、中药材等千亩产业园区100个。围绕五大现代服务业，大力推进消费扶贫，以浙江市场需求为导向，以促进扶贫产品销售为核心，用好“四川扶贫”商标，采取以购代帮、建立直销店等模式，销售广元农特产品达33.6亿元。其二，抓实项目建设，制定《东西部扶贫协作项目资金管理实施办法》，全程加强对资金和项目精准监管；将帮扶项目全部纳入脱贫攻坚县级项目库，实行“一个项目一名县级干部挂联、一个工作专班推进”；建立“扶贫资金池”，将浙江财政帮扶资金投入工业产业的6%注入扶贫资金池，累计注入7147.89万元。其三，抓实劳务协作，出台加大就业扶贫政策支持力度助力脱贫攻坚“15条措施”，在浙江建立6个扶贫劳务协作工作站，建立扶贫车间57个，组织转移贫困人口就业1.64万人。打造“东西部教育扶贫协作直通车”，组织475名贫困家庭学生到浙江就读职业院校。苍溪—三门开设“2+1”教育扶贫定向培养“机电班”，实现精准培训、提前就业的经验获全国推广。

二是聚焦协同发展。在浙江—广元扶贫协作中，坚定贯彻习近平总书记关于区域协调发展的重要指示，在浙江协作市、县、区的大力支持下，实施大开放大合作战略，整合全市资源，推动与浙江协同发展。其一，协同谋划产业发展。立足广元资源禀赋和产业基础，在浙江各级各部门政策、资金、人才等帮扶下，全面加强市场化招商引资和产业承接，推进浙江国有企业、民营企业到广元布局发展，开展多层次、宽领域、全方位合作。其二，协同促进人文交流。创新干部人才交流合作机制，采取双向挂职、两

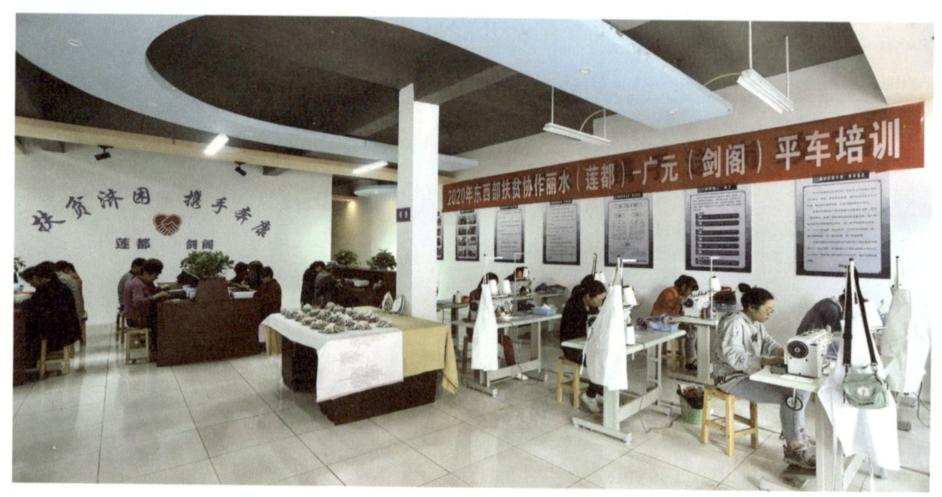

剑阁县下寺镇扶贫劳务协作来料加工就业扶贫车间

地培训、跟班学习、委托培养和组团式帮扶等方式，在党政、农业、教育、卫生、科技、文化、企业、社会工作、基层治理等领域广泛开展干部人才交流合作。其三，协同推进开放合作。实施大开放大合作战略，深化与长三角、珠三角等区域合作，“十三五”期间，广元市累计引进到位市外资金3035.84 亿元。深入推进与浙江的全面对接、全面合作、全面融入，构建大开放大合作、与浙江协同发展新格局。

3. 三个结合：“浙江所能”与“广元所需”相结合、帮扶与协作相结合、“输血”与“造血”相结合

一是浙江所能与广元所需相结合、按照“中央要求、浙江所能、广元所需”，充分发挥帮受双方比较优势，务实开展扶贫协作工作。借助浙江等地资金、技术、市场、人才、信息优势和管理经验，健全区域合作机制，完善配套服务政策，发挥各地区比较优势，创新产业合作模式，共同搭建招商引资、招才引智、选商引产重要平台，切实提升浙江方帮扶精准度、浙

广产业合作发展深度，在增强扶贫协作实效上出硬招、求效果。其一，充分发挥浙江资金优势，助力广元脱贫攻坚。浙江投入财政帮扶资金 6.749 亿元，通过股权量化、土地出租、就近务工就业等利益联结方式带动贫困人口 11.81 万人。其二，充分发挥技术优势，为广元各县区特色产业的定位、特色产品的选育等提供技术指导，为广元本土人才的培养提供服务。举办教师、医生、科技、旅游等专业技术人才培训班 130 期、培训各类人才 17618 人次。其三，充分发挥观念优势，采取"请进来、走出去"的方式，大力开展干部人才互派挂职、干部人才培训提能、基层干部人才跟班学习活动，有效促进两地干部人才观念互通、思路互动、技术互学、作风互鉴。其四，充分发挥资源优势，立足双方优势资源，把浙江优质农业和广元特色农业有机结合，打造了青川安吉白茶、旺苍仙居杨梅、剑阁莲都茭白等一批亮点突出、带动力强、竞争优势明显的特色产业"致富点"。其五，充分发挥产业优势，创新产业合作模式。自东西部扶贫协作开展以来，浙广积极创新"共建园区、共谋产业、共同招商"模式，在每个受帮扶县（区）共建 1 个工业产业园区，对 2008 年灾后援建的川浙合作产业园提档升级，全市形成"6+1"工业产业园区体系。其六，充分发挥信息优势，积极与浙江建立招商信息共享机制，搭建浙广协作招商平台，联合开展投资促进活动，设立浙江招商分局开展"驻点招商"，针对目标企业开展"敲门招商"，借助行业协会开展"以商招商"，成功招引一批企业落户园区。

二是帮扶与协作相结合。浙江—广元扶贫协作过程中一直强调帮扶与协作并举。其一，扎实帮扶广元脱贫。浙江应广元之所需，输送了人力、物力、财力等，指导和直接参与广元各项产业的发展，为广元的脱贫攻坚做出了巨大贡献。在人力帮扶方面，全市接收浙江省选派的挂职干部 14 名、专业技术人才 259 名。浙江援川广元片区干部林强、朱德宇、滕新生、雷成、张文斌、廖旭青、林涛等挂职干部，视广元为第二故乡，走村入户问冷暖、深入田间抓扶贫，展示出浙江干部“勇立潮头方显担当”的时代风采。在资金帮扶方面，浙江投入财政帮扶资金6.749亿元，在产业发展、劳务协作、人才支援等方面有力支持了广元脱贫攻坚。其二，在帮扶的基础上开展了全方位的协作。在产业协作上，坚持“资源共享、市场共建、优势互补、互利共赢”的原则，围绕“一核四带六链”产业发展总体布局及六大特色优势产业，集聚资源优势，找准浙广互利合作切入点，多层次深化产业合作。在人才协作上，与浙江广泛开展干部人才挂职锻炼、培训交流，有效促进了两地干部人才观念互通、思路互动、技术互学、作风互鉴。在劳务协作上，通过构建“333”模式，深化东西部扶贫劳务协作，帮助16416名贫困劳动者实现就业脱贫。

三是“输血”与“造血”相结合。既注重发挥浙江—广元扶贫协作优势，直接带动贫困地区群众发展，更注重引导群众不等不靠、感恩奋进，积极参与建设管理、参加培训提能、养成文明新风，提高群众就地转化资源、发展乡村产业的技能和经营农村、经营新业态的水平，培养更多高素质新型职业农民。其一，浙江—广元扶贫协作聚焦扶贫扶困。各受帮扶县区聚焦精准扶贫、精准脱贫，把建档立卡贫困人口稳定脱贫作为东西部扶贫协作工作的重中之重，将浙江帮扶资金和项目以及劳务协作、社会扶贫等各类帮扶资源瞄准贫困村、贫困人口，精准选择脱贫产业项目和脱贫奔小康帮扶措施，变“大水漫灌”为“精准滴灌”，做到真扶贫、扶真贫、真脱贫。帮扶过程中，100%的帮扶资金用于县以下基层，90%以上的帮扶资金用于产业扶贫、就业扶贫和人才培训，重点解决“两不愁三保障”问题；同时，瞄准贫困县、贫困村退出短板、资源优势和发展意向，统一规划、整体布局，推动贫困县、贫困村加快摘帽退出。其二，坚持扶贫与扶志扶智相结合。精准把握“扶贫不是养懒汉”要求，坚决摒弃“不劳而获”的分配方式，坚决杜绝“一发了之”“一股了之”“一分了之”等现象发生，各类产业、劳务和民生项目通过吸纳就业、设立公益性岗位、生产奖补等形式带动贫困人口 11.81 万人、贫困残疾人 3677 人稳定脱贫。坚持群众主体地位，充分调动受帮扶贫困地区干部群众自主发展的积极性、主动性、创造性，大力开展技能培训和人才交流，帮助和带动贫困人口苦干实干，促进外部帮扶与内生动力紧密结合，不断激发脱贫致富的内生动力。引导贫困地区干部群众发扬自强自立精神，依靠自身努力改变贫困落后面貌，实现光荣脱贫、勤劳致富。

4. 四大目标：实现经济互利共赢、实现治理互促共进、实现文化互鉴共兴、实现民生互建共享

一是经济上实现互利共赢。一方面，浙江—广元扶贫协作为浙江企业提质增效、拓展市场空间、补充劳动力和实现产业梯度转移提供了契机。浙江企业充分利用广元的资源优势，破解了发展中的瓶颈，进一步增强了市场竞争的能力。另一方面，浙江—广元扶贫协作助力广元脱贫攻坚，完善产业结构，实现经济跨越式增长。

二是治理上实现互促共进。通过浙广双方扶贫协作促进了双方治理能力的提升，共同谋划广元经济、社会、文化等的发展蓝图，双方共同努力，扎实推动了各项扶贫协作工作落实，充分展现了共治共享的新局面。

三是文化上实现互鉴共兴。广元历史悠久，文化厚重，是巴蜀文明的重要发祥地之一、先秦古栈道文化和蜀道文化的集中展现地、三国历史文化的核心走廊和红色文化的重要代表。浙江文化蕴含的“浙江精神”在浙江—广元扶贫协作中也充分体现。“浙江精神”与广元的红军精神、大茅坡精神，“厚德行广、坚韧自强、创新开元”的新时期广元精神交相辉映，激励着广元人民感恩奋进、砥砺前行，激励着广元人民不忘初心、继续前进。

四是民生上实现互建共享。浙江—广元扶贫协作突出民生优先，着力

惠民援建。紧紧围绕灾区住房难、上学难、就医难、行路难、饮水难等问题，实施了一批民生工程，极大改善了群众生产生活条件，为浙广协同发展创造了良好的条件。

5. 五大保障：组织领导、规划引领、政策支持、宣传引导、督导考核

一是强化组织领导。成立广元市浙广东西部扶贫协作领导小组，市委书记、市长任组长，相关市级单位负责人为成员，领导小组下设办公室，负责浙江—广元扶贫协作和示范市创建统筹协调工作，各受帮扶县区相应成立东西部扶贫协作领导机构，全面推动东西部扶贫协作工作顺利开展。

二是规划引领。充分考虑扶贫协作双方“十三五”时期国民经济和社会发展规划纲要，根据经济社会发展的总体部署编制规划，加强与受帮扶地区有关专项规划的衔接，出台《浙广东西部扶贫协作三年行动实施方案（2018—2020 年）》，加强衔接、统筹安排，着眼长远、有序推进，充分发挥规划的引领作用，科学谋划和建设一批结对帮扶项目，合理安排工作重点和项目的年度建设计划，共同抓好对口帮扶规划实施，并根据对口帮扶工作的不同阶段，明确任务，突出重点，精心组织，周密安排，务求实效，推进对口帮扶工作有效有序开展。

三是政策支持。出台支持浙江扶贫企业来广元投资 8 条优惠政策，细化现代农业、新型工业、康养旅游等产业合作办法，在税费、财政、投资与融资、用地保障、服务保障等方面提供政策支持。大力优化投资环境。致力打造市场化、便利化营商环境，持续深化“放管服”改革，在四川率先发布“马上办、网上办、就近办、一次办”事项清单，推动招引东部企业快速落地园区。

四是宣传引领。在中央、省、市级等重要媒体上强化宣传，在市级媒体开设“推进东西部扶贫协作”宣传专栏，加强对扶贫协作工作重大举措、

机制创新、工作经验和推进情况的宣传报道，加大东西部扶贫协作示范乡镇、示范村、示范产业、示范园区、示范项目的宣传报道力度，树立先进典型，为创建东西部扶贫协作示范市、全面打赢打好精准脱贫攻坚战营造良好舆论氛围。

五是督导考核。完善浙江—广元扶贫协作项目的监督检查制度，加强项目建设全过程的监督、检查、稽查和审计，将浙江—广元扶贫协作项目实施内容、进度、质量、资金使用效果等纳入监测考核体系。开展重点项目审计，定期公布审计结果，主动接受社会监督，确保援助资金高效、安全、廉洁运行，确保资金安全、项目安全、干部安全。

（二）“四大计划”促进人才交流

人才交流是东西部扶贫协作的重要构成。新一轮东西部扶贫协作实施以来，浙广双方高度重视干部人才交流工作，始终把干部人才交流作为提升智力支撑的重要途径来抓，与台州、湖州、丽水建立干部人才交流合作联席会议制度，签订《干部人才交流合作协议》，制定《东西协作挂职交流干部人才管理办法》《2018—2020年广元市浙广扶贫协作干部人才交流培养合作计划实施方案》，广泛开展干部人才挂职锻炼、培训交流，有效促进了两地干部人才观念互通、思路互动、技术互学、作风互鉴。

1. 干部人才互派挂职

按照干部人才成长规律，结合浙广双方特色优势产业、行业发展情况，充分发挥浙江省帮扶地区和广元的比较优势，共同推动工业、经济、脱贫攻坚、科技、文化、教育、卫生、生态旅游、社会管理、企业管理等方面干部人才的全面合作与交流，每年互派行政、经济、科技及企业管理等领域干部人才进行挂职锻炼。同时，认真落实省、市加强挂职干部人才管理的政策要求，强化对挂职干部的日常管理。一方面，对来广元挂职的浙江干部人才研究制定日常管理制度，有关情况及时与派出单位沟通。另一方面，对派往浙江的干部人才，严格实行工作季报制度，落实专人加强跟踪了解和管理，创新提出“五个一”任务要求，挂职期间须记录一本挂职日记、形成一份挂职总结、讲授一堂挂职心得体会课、撰写一篇调研报告、带回一项先进成果（经验、技术、项目等），促进干部人才真挂实学。此外，建立双向保障制度，广元积极为浙江挂职干部兑现艰边津贴等，浙江省各地为广元挂职干部人才发放生活补助、提供住房补助，加强对挂职干部人才的关心关爱。在 2018—2020 年期间，广元市选派 64 名党政干部、238 名专业技术人才到浙江挂职锻炼，浙江省帮扶市县（区）选派 14 名党政干部、259 名专业技术人才到广元挂职指导扶贫协作工作。

2. 干部人才培训提能

围绕“项目投资、产业发展、乡村振兴”经济建设三大主战场，不断提升干部专业化能力，坚持“走出去 + 请进来”，组织党政干部、专业技术人才、企业管理者等赴浙江分层分类举办各类干部人才培训班，邀请浙江知名专家学者来广元授课。与此同时，坚持实效导向，聚焦重点行业、重点领域和重点群体，针对性设计培训项目、确定培训对象、选择培训内容，避免“大而全面、笼而统之”，确保取得实效。在培训数量上，根据实际合理安排，按需培训、量力而行。在培训内容上，坚持与脱贫攻坚领域培训统筹，围绕干部思维观念、能力弱项、业务短板等开展培训，体现实用性、实效性。在培训形式上，采取“走出去 + 请进来”方式，既组织干部尤其是关键岗位干部走出去学，也邀请浙江专家到广元现场授课、“把脉问诊”，赴浙江的培训尤其注重加强现场教学，提升培训实效。

3. 科技人才技术合作

围绕广元市的人才开发需求，积极与浙江高校、科研院所对接，建立校地、院地合作机制，加大科研项目、产品研发、技术创新等方面的技术合作，引进急需紧缺专业人才，为广元经济社会发展提供强大智力支撑。在推进科技人才交流的过程中，强化组织部门与科技部门的统筹联动，紧扣“三个一、三个三”兴广战略来梳理罗列科技人才交流、科技项目合作需求清单，把科技人才交流与科技项目合作统筹，做到同步谋划、同步推进、同步落实。在2018—2020年期间，共举办党政、教育、卫生、农技等各类培训班271期、培训干部人才3.6万余人次，邀请浙江省相关专家90人次到广元市、县区读书班、教育讲坛等开展专题讲座。同时，浙广双方共建创新平台，即围绕广元市的特色优势产业，充分利用浙江高校和科研院所优势资源，加快工程技术中心、重点实验室、院士（专家）工作站、产业技术研究院等协同创新平台建设，推动先进技术、科技成果在广元落地转化。例如，青川县与浙江湖州市旅发委合作，邀请干永福及其团队成立浙江院士（专家）工作站，专项指导青川全域旅游示范县和生态

仙居杨梅种植专家现场讲授杨梅栽种技术

康养旅游名县创建工作。昭化区柔性聘请汪自强等10名专家为“首席顾问”，在食用菌栽培、中国西部绿色家居产业城建设等方面开展指导，取得明显成效。

4. 基层干部跟班学习

以提升基层干部综合能力为着力点，分批次组织乡科级干部、村干部、村级后备干部（含贫困村创业致富带头人）等赴浙江对口地区基层组织运行好、脱贫攻坚推进好、产业发展实施好、新风文明培育好的乡（镇）、村（社区）开展为期1—2周的跟班学习。采取实地体验式教学方式，重点学习农村基层党建、集体经济发展、美丽乡村建设、乡村治理、产业发展、乡村旅游、农产品营销、农村电商等内容。以苍溪县为例，苍溪县精准开展了基层干部跟班学习助力脱贫攻坚。第一，搭好一个平台，精准实施。广元市苍溪县与浙江省三门县委组织部签订培育协议，创新实施“百名优秀基层干部跟班培育计划”，着力培育一批政治坚定有立场、带领队伍有办法、干事创业有业绩、服务群众有感情、干净公正有口碑的优秀基层干部队伍。从900余名乡科级领导干部中择优选派90名，从1900余名村（社区）党组织书记、村级后备力量和农村致富带头人中择优选派240名赴三门县跟班学习。三门县每期确定10个乡镇20个村，每个乡镇落实3名、每村落实1名业务能力强、工作经验丰富的干部开展一对一带学。第二，建立一套体系，精准借智。采取分组跟班、实地体验、专题授课、研讨交流、规划总结的做法，推行集中学习+跟班学习+拓展学习+总结提升的学习方式，实现岗对岗促学、一对一帮带、点对点落实。苍溪县与三门县创新建立跟班学习结对联姻机制，帮带干部和跟学干部采取每月通一次电话、相互提供一条信息、分享一则工作经验、协助解决一个困难等方式，建立起长期牢固的帮扶链条，切实解决短期跟班学习成效不足的问题。建立苍溪县贫困村党组织书记任职村与三门县跟班学习村互联互带机制，围绕脱贫产业发展开展“一园一业、一村一品”建设帮带行动，推动发展壮大村级集体经济，引领带动脱贫致富奔小康。第三，确定一个目标，精准见效。围绕打造乡村振兴示范乡镇目标，对接三门县每期确定产业发展、项目实施、城乡规划、新村建设、基层治理、服务群众等15个工作岗位，择优选派对应岗位干部入位跟班，通过同步进村入户问民情解民忧，同步梳理工作思路抓发展，同步化解群众矛盾纠纷，实地开阔眼界、实岗转变作风、实战检视工作理念。按照村情相仿，产业相近原则，三门县与苍溪县商定结对蹲点学习乡镇3个，每对确定1个学习主题，采取学前定任务、学习抓督促、按月交单子、组织评质量的方式，督促干部真学实干。学成后基层乡村干部因地制宜发展村级集体经济和特色产业26项，创建品牌3个，惠及贫困人口1.2万余人，群众满意率达100%。

（三）“三产联动”推进产业协同发展

1. 共建“6+1”工业产业园区

一是共建园区，以工业产业扶贫协作为重点，以激发内生动力为根本，以做大做强实体经济为目标，进一步升华协作层次，共建浙江—广元扶贫协作“6+1”工业产业园区，即新建“三门—苍溪”“仙居—旺苍”“莲都—剑阁”“吴兴—青川”“龙泉—昭化”“路桥—朝天”6个县级合作产业园，拓展提升川浙合作产业园1个市级园区，截至目前，浙江累计投入帮扶资金3.3亿元（其中川浙合作产业园2亿元），撬动各受扶县区项目资金近8亿元，建成园区1.6万亩，三年间招引58家企业落户园区，总投资163亿元，提供就业岗位2500余个，解决贫困人口就业267人。

二是共谋产业，根据各地产业特点和优势，浙江帮扶县区积极参与谋划受扶县区的园区产业定位，每个工业产业园区规划面积不少于1000亩，首期投入每个合作产业园的资金不少于1000万元。“三门—苍溪”产业园重点发展以制鞋、眼镜为主的轻工制造产业；“仙居—旺苍”产业园重点发展绿色家居产业；“莲都—剑阁”产业园重点发展新能源、新材料产业；“吴兴—青川”产业园重点发展机械制造、汽车配件产业；“龙泉—昭化”产业园重点发展绿色家居、食品饮料产业；“路桥—朝天”产业园重点发展农产品加工、食品饮料产业。同时，在市区川浙合作产业园，扩建园区面积到6800亩，重点发展铝制品精深加工、新材料产业。

三是共同招商，广元市各受扶县区持续加强与浙江帮扶县区战略合作，共同搭建招商平台。借助浙江资金、技术、市场、人才、信息优势和管理经验，进一步完善配套政策，招商引资、招才引智、选商引产。受扶县区派出招商小分队进驻帮扶县区，与帮扶县区招商干部组团行动。如广元市朝天区派出4个小分队，进驻台州市路桥区在北京、上海等地的办事处，充分利用帮扶县区招商平台促进共建园区招商引资。截至目前，通过东西部扶贫协作平台，引导美裕集团、湖州吴兴城投集团、西奥电梯等东部企业112家参与广元扶贫，先后在广元投资铝材精深加工、吴兴产业园、电梯生产等项目113个，累计到位资金129.54亿元。

四是共享收益，紧扣构建新型工业“6+2”产业体系，依托“6+1”工业产业园区载体，积极推广“共建园区＋企业＋扶贫车间＋贫困户”模式，吸纳贫困户参与园区建设及务工就业，帮助解决贫困户就近就业问题。创新设立“扶贫资金池”，各受扶县每年将浙江方面投入园区建设帮扶资金的6%注入“扶贫资金池”，主要用于产业奖补、公益性岗位开发、残疾人帮扶等。以提供东部企业落户园区优惠政策为依托，明确入园企业优先录用建档立卡贫困户，并给予相应工资福利优惠政策。目前已注入“扶贫资金池”7147.89万元，设立公益性岗位1077个，落实贫困户就地就近就业，切实解决“走不出、走不远”和超劳动年龄的贫困人口就业增收难题，不断增强浙广扶贫协作“造血”功能，走出了“支援与合作并举”的特色帮扶新路子。

2.“四大举措”提升农业产业质效

全市6个县、区（除利州区外）均与浙江对口帮扶县（市、区）开展现代农业产业协作，共推进实施项目147个，总投资10.85亿元，使用浙江帮扶资金达4.7亿元，带动7.34万贫困群众脱贫奔康。

一是因地制宜壮大骨干产业。以县建现代农业产业园为重点，坚持主导产业立园，围绕建设现代农业“7+3”产业体系，坚持一园一业、多园一业，大力支持新发展红心猕猴桃种植基地11.76万亩、茶叶种植基地6.31万亩、核桃种植基地5.3万亩、种植道地中药材4.7万亩和养殖剑门关土鸡32.9万羽。全市已建红心猕猴桃基地50万亩，是全球最大的红心猕猴桃基地。从浙江引种的绿茶、黄茶成为全市主导产业，全市现有茶园面积49万亩，茶产量1.51万吨，是全国最大的黄茶基地；米仓山富硒茶已成功纳入四川省“天府龙芽”区域公用品牌，与蒙顶山茶、峨眉山茶及宜宾早茶并称“三山一早”。已建成全省第二大核桃基地。主导产业发展规模大、标准高、带贫效益好。

二是因势利导引进特色产业。根据县区地域特征积极从浙江引入“白叶一号”茶苗、仙居杨梅、白沙枇杷、湖羊等产业，以村为单位建立“一村一品”特色产业园。近年来，白茶因其外观及口感备受消费者青睐。2018年，习近平总书记亲自关心的“白叶一号”茶叶项目为广元茶叶带来了新鲜血液，广元市迅速在青川县开展“白叶一号”产业基地高标准建设工作，现已建成“白叶一号”基地5217亩，已进入试采试制阶段。新建杨梅基地5000亩，新建白沙枇杷基地2800亩，引种湖羊1500余只，特色农业产业合作多向开花。

三是因产施策强化科技支撑。发挥浙江农业科技优势，借鉴浙江先进技术，切实制订完善广元米仓山茶和黄茶《生产栽培技术规程》《加工技术规程》《质量控制标准》以及《"白叶一号"茶苗生产技术规程》，通过浙江科技人员实地示范指导，使新的生产、栽培、管护和加工等技术在产业发展中起到了很好的推进作用。共同研究红心猕猴桃溃疡病综合防治、四川盆地玉米化肥农药减施增效、幼果林粮经复合套种、果菜茶有机肥替代化肥等课题，技术成果在全市范围内全覆盖应用推广。在苍溪县、旺苍县扎实推进农业科技人员创新创业试点，支持苍溪县建成红心猕猴桃良种繁育基地项目及野生猕猴桃原生境保护区项目，支持旺苍县大力推动广元黄茶种业基地建设项目。

四是因人而异建实利益联结。以保农户就业、保土地租金、保农产品订单收购、保生产发展风险和生产管理承包超产分红、订单收购返利分红、果品存储增值分红和集体资产收益分红的"四保四分红"机制，让农户分享产业发展收益，获得了更多实惠。

3."四大模式"促进消费扶贫

一是以购代扶促销。浙江各结对帮扶地区将消费扶贫纳入部门结对帮扶工作内容，以广元优质的农特产品为主，开展政府集中采购活动。浙江各结对帮扶地协作办、商务局、总工会等部门出台政策，鼓励机关干部个人购买广元扶贫产品，浙江各结对帮扶地共组织动员干部近1.5万人，购买广元扶贫产品460余万元。

二是专区专柜直销。鼓励和支持在浙江党政机关、高校、商场超市、专业市场、批发市场、车站、机场、码头等场所搭建扶贫产品专区专柜。在浙江每个对口帮扶县区分别开设扶贫产品营销中心1个，培育东西部扶贫协作电商示范店5家，开设专店15家，以专卖店和展销中心为平台，主动联系当地商家签订供货协议，达成合作关系。部分直营店已成为当地酒店、商场、超市等经营场所的供货商。其中，青川县川珍实业公司已进驻浙江地区华润、沃尔玛、物美等超市，开设农产品销售专柜355个。

三是主题节会展销。利用市场拓展“三大活动”，积极组织参加扶贫产品销售活动，分别组织苍溪县、青川县、旺苍县、朝天区等县区的20家企业参加了“长三角农产品产销对接洽谈会暨对口农产品推介会”和台州金秋购物节暨消费扶贫展、广元扶贫产品进浙江省直机关食堂活动。同时各县区与帮扶地区整合资源，共同拓展市场，如苍溪与三门共同举办第五届、第六届“三门青蟹节”和第四届“苍溪红心猕猴桃采摘节”网络营销活动。截至目前，广元全市赴浙开展主题展会共计20余场，现场销售额达到900余万元。

四是网络平台云销。以阿里巴巴广元馆、天猫超市、京东超市等主要平台和“政采云”“浙里汇”等浙江省消费扶贫购销平台为依托，支持

广元在浙江杭州参加第三届国际茶业博览会

广元优质特色产品上线销售，创新开展形式多样的线上促销活动。借力浙江电商企业平台资源，构建“市总平台—县区分平台—乡镇村电商服务站点”“1+7+N”三级农村电商营销网络。已建成市、县区电商服务中心 7 个，乡镇电商服务站 129 个，村电商服务点 676 个。建成电商物流园区 5 个，乡镇快递网点 356 个、村级 553 个。

（四）“333”模式推进劳务协作

1. 突出转移就业“三精准”，提高劳务输出组织化程度

一是精准需求，建立“一库三名单”。按照“个人登记，村（社）成册，乡镇建账，县区汇总”的原则，全面摸清全市 15.65 万名建档立卡贫困人口就业信息，建立“贫困劳动者资源库、有转移就业意愿和能力未转移就业贫困劳动者名单、有转移到浙江企业就业意愿贫困劳动者名单、已在浙江就业贫困劳动者名单”，按季动态更新，做到贫困劳动者有到浙江就业意愿清、技能培训清、就业状态清。

二是精准对接，组织定向输送。按季与浙江方互通劳务信息，筛选适合贫困劳动者的就业岗位信息 20 万余条，在广元公共招聘网、市县区人力资源市场、村（社区）LED 显示屏等媒介上广泛发布。按季组织浙江企业来广元下属县和重点乡镇开展招聘活动，实施现场对接。对接成功的，采取购买服务的方式，由人力资源中介机构组织输送；公共就业服务机构安排专人，组织专车专厢输送；针对人数较少的情况，安排专人组织购票，联系浙江企业接站。

三是精准服务，促进稳定就业。所有对口帮扶县区在浙江建立扶贫劳务协作工作站，开展就业稳定服务工作，每个工作站配置 1~3 个公益性岗位，至少聘请 1 名广元籍人员。对新转移到浙江就业的广元籍贫困劳动者，实施 3 个月就业稳岗跟踪服务，重点做好浙江方的政策落实、岗位匹配、权

益维护等服务工作。

2. 构建技能提升“三路径”，增强就业脱贫内生动能

一是分段式培训。根据劳动者培训愿望和产业发展需求，紧密结合浙江职业培训优势，在广元开展初级培训，再组织贫困劳动者到浙江进行提高培训。如先后组织620名贫困劳动者在广元接受10天电商理论培训后，再送他们前往浙江参加20天的实战培训。充分利用远程信息技术，在广元开展创业培训的后期，与浙江方互动开展创业大讲堂、创业论坛等创业提升培训。

二是请进来培训。根据双方产业合作导向，分县区组织专班，借助浙江高水平师资队伍，邀请浙江专家来广元开展授课培训，开展“白叶一号”优质茶栽种、灵芝种植、湖羊养殖、淮扬菜烹饪等培训13057人次。

三是定向式培训。开展贫困家庭子女职业生涯规划指导，帮助他们树立技能成才的理念，组织他们到浙江接受职业教育。在苍溪组建全省首个“东西部扶贫协作定向培训班”，每年定向招录50名初高中毕业贫困生，统一输送到三门技师学院免费接受职业教育。

3. 实施创业带动“三方式”，拓展就业新空间

一是引进浙江能人来广元创业促就业。出台浙江扶贫协作企业来广元投资支持政策，全面落实创业担保贷款、吸纳贫困劳动力奖补、以工代训培训补贴等政策，为来广元创业的浙江企业提供土地协调、技能培训、人力资源保障等就业创业服务。组织召开东西部扶贫协作专题投资促进活动30余场次，从浙江引进一批规模较大、质量较高、效益较好的食品饮料、建材家居、中药材种植等项目113个，帮助4131名贫困劳动者实现就近就地就业。

二是引进浙江技术带动创业促就业。围绕广元特色山珍、富硒富锌茶叶、中药材等七大优势农业特色产业，积极推动广元能人与浙江大学食用

菌研究所等高校科研院所深度合作，邀请20名浙江专家教授为产业发展顾问，每年来广元有针对性开展农业科技成果推介会、产业发展专题对接会和专题培训会，推动广元特色产业规模化、高效益发展，促进贫困劳动者在产业链上实现就业创业。

三是引导浙广企业合作创业促就业。建立产业发展合作机制，鼓励浙江企业与贫困地区致富带头人合作创业，采取股份合作、订单帮扶、生产托管等方式，支持贫困户广泛参与、抱团发展，引导完善利益返还、保底分红等利益联结机制，共同建设贫困人口参与度高的仙居鸡、中蜂养殖等特色产业基地或专业合作社60余个，帮助3860名贫困人口通过参与创业实现脱贫增收。积极引导浙江企业把生产加工车间或基地搬到广元贫困地区，建立童装加工、手工艺制作、眼镜生产等就业扶贫车间57个，770名贫困劳动者实现家门口就业。

（五）“632”模式聚合社会力量携手奔小康

1. 推进六个结对抓实纵深帮扶

结对帮扶是充分发挥各自优势，实现互惠互利，最终实现共同富裕的重要手段。广元在东西部扶贫协作过程中创新了结对帮扶机制，开展了多层次、多领域的结对帮扶活动，助推广元全面建成小康社会。

一是在县县结对方面，共结对6对。聚焦深化县级对接，各受帮扶县区主动作为，党政主要领导积极开展对接互访，达成东西部扶贫协作各项工作共识。浙江台州市的路桥区、三门县、仙居县结对帮扶广元朝天区、苍溪县、旺苍县；丽水市莲都区、龙泉市结对帮扶广元剑阁县、昭化区；湖州的吴兴区对口帮扶广元青川县。

二是在镇镇结对方面，共结对28对。本着资源共享、优势互补、发展互惠、合作双赢的原则，让各镇充分发挥开放开发、产业发展、社会民生等优势条件，在引进产业扶贫、组织劳务合作、推进民生服务、动员社会参与等方面广泛合作。

三是在村村结对方面，共结对106对。浙江方与广元市达成村村结对协议，结对协议遵循“帮扶是前提、合作是基础、双赢是目标”的原则，主要在发展村级集体经济、加强党组织建设、振兴人才培养、争创幸福美丽新村等方面开展合作。

四是在学校结对方面，共结对101对。通过实施共同帮助改善受帮扶学校的办学水平，帮助贫困学校对接地方产业、做好专业建设规划、结对双方互派干部和教师进行挂职锻炼等方面提高了广元学校教育的软硬件水平。

五是在医院结对方面，共结对82对。主要通过搭建合作平台、加强诊疗合作、开展业务交流等方式提高广元医疗机构诊疗水平，满足人民群众的医疗需求。

六是在村企结对方面，共结对385对。深入开展“万企帮万村”精准帮扶行动，浙江企业重点支持贫困村农业产业发展、贫困村基础设施建设和群众生产生活条件改善。

2. 发动三大力量参与社会帮扶

健全社会参与机制，形成东西部扶贫协作合力。鼓励引导和广泛动员浙江各民主党派、工商联、红十字会以及扶贫协会、扶贫基金会、行业协会商会、志愿服务组织等社会组织、民营企业、社会爱心人士和企业家到广元受帮扶县区开展定向援助、捐资助学、慈善公益、医疗救助、支医支教、以购代捐等多形式、多领域的扶贫活动。

一是鼓励引导民营企业参与扶贫协作。引导和动员浙江民营企业参与广元精准扶贫行动，浙江帮扶市组织东部企业到广元市考察累计达641家次，积极开展“扶贫献爱心”活动，各企业资助458名广元贫困家庭学生免费到浙江接受教育。

二是鼓励引导社会组织参与扶贫协作。积极争取浙江各民主党派、工商联、红十字会等对广元脱贫攻坚工作的支持。争取浙江省慈善联合总会项目。鼓励引导帮扶地社会工作机构、志愿服务组织、社会工作者和志愿者结对帮扶受帮扶地，为受帮扶地提供专业人才和服务保障，稳步提高当地社会组织和志愿服务队伍的能力和水平。

三是鼓励引导爱心人士参与扶贫协作。搭建浙江扶贫爱心平台，实现社会帮扶资源和扶贫协作有效对接。充分发挥各民主党派、无党派人士的优势和作用，组织民营企业负责人参与扶贫协作行动。发挥好“10·17”扶贫日的社会动员作用，实施扶贫志愿者行动，各受帮扶县区每年至少组织开展一次社会捐赠活动。

3. 激发两种意识增强群众内生动力

在浙江—广元扶贫协作过程中，始终注重激发群众的感恩意识和进取意识，增强群众的内生动力。广元市委、市政府和青川县委、县政府坚决贯彻落实习近平总书记重要批示精神和浙川两省省委、省政府的部署要求，把“白叶一号”茶苗作为感恩茶、扶贫茶、奔康茶，以高度的政治自觉和行动自觉种好、种活、种出效益，续写“一片叶子再富一方百姓”新故事。

一是精心种好白茶，引领扶贫产业发展。截至目前，“白叶一号”茶叶基地总面积达到5217亩，通过委托代管、茶苗折资入股分红、流转土地、就近务工等方式，带动6个乡镇1817名贫困群众增收致富。以发展白茶为引领，加大扶贫产业发展力度，积极构建“7+3”现代特色农业产业体系，创新“三园联动”模式，产业带动脱贫达19.1万人。

二是弘扬先富帮后富精神，汇聚社会扶贫合力。开展“不忘党的恩、先富帮后富、携手奔小康”活动，800余家民营企业、1100个社会组织、8500余个新型经营主体、10万余名爱心人士积极参与广元脱贫攻坚。

青川群众喜迎“白叶一号”茶苗

三是弘扬为党分忧精神，发挥党建引领作用。1069 个帮扶部门单位与 739 个贫困村、1789 个有脱贫攻坚任务的非贫困村（社区）开展支部共建，729 个“两新”党组织结对帮扶 465 个贫困村党组织，使村级党组织充分发挥战斗堡垒作用。

四是突出知党恩跟党走，深入教育引导群众。通过加强感恩教育、加强正向激励、加强刚性约束，引导广大群众不等不靠战贫困、感恩奋进奔小康、世世代代跟党走，培树全国脱贫攻坚奖先进个人 2 人，全省脱贫攻坚奖先进个人 16 人、先进集体 5 个，培树先富帮后富先进集体 20 个、先进个人 31 个，培树“示范脱贫户”“巾帼脱贫之星”等先进典型 4000 余名。

三、浙江—广元扶贫协作的显著成效

浙广双方始终牢记习近平总书记的谆谆嘱托，坚定贯彻“四个更加”指示精神，把东西部扶贫协作作为承接优势产业、助力脱贫攻坚的重大机遇，作为四向拓展、全域开放、构建对内对外开放新空间的重大实践，按照党中央和浙川两省关于东西部扶贫协作的部署要求，坚持以脱贫攻坚统揽经济社会发展全局，以广元市创建东西部扶贫协作示范市为抓手，在推动从整体连片贫困到同步全面小康跨越、构建区域协同发展新格局上取得明显成效。

（一）脱贫攻坚取得决定性胜利，历史性地告别了千年绝对贫困

浙江坚持“开发式扶贫”方针，突出“民生优先夯基础、加快发展兴产业、增进福祉强文卫、着眼长远提素能”四大重点，始终如一地抓好对口帮扶广元工作，推动了广元经济社会大发展、基础设施大改善。浙江省坚持把群众急需的事作为帮扶之要，着力解决广元贫困群众住房难、上学难、就医难、行路难、饮水难等具体问题。从1996年到2020年，累计投入帮扶资金97亿元，实施民生项目1178个，建成扶贫新村191个，改田改土7846.05万亩，解决饮水贫困人口12.68万人次，培植产业园3600亩，种植经济林木286万多株。在“浙江力量”注入下，广元贫困面貌发生了翻天覆地的变化。截至目前，全市7个贫困县区全部摘帽，739个贫困村全部退出，34.7万贫困人口稳定脱贫，消除了绝对贫困现象，实现了从整体连片贫困到同步全面小康跨越，广元市脱贫攻坚取得决定性胜利。此外，农村基础设施、公共服务体系、增收产业、人居环境显著提升，广

浙江援广干部赴县区调研扶贫协作项目建设情况

元人民彻底甩掉千年贫困帽子。

（二）广元经济社会实现跨越发展，与全国人民同步迈入小康社会

20多年的浙江—广元扶贫协作，务实推动了浙江产业结构调整优化和广元主导产业发展的有机衔接，通过落实在广浙企各项优惠政策，竭力搞好协调服务，打造浙川合作产业园区等措施，充分发挥了浙江企业的资金、技术、品牌、市场等优势，带动广元发展。在“浙江符号”带动下，广元经济社会迎来赶超跨越发展。2019年，全市地区生产总值达到941.85亿元，是2015年的1.56倍，年均增长11.2%；城乡居民人均可支配收入分别达到

33481 元、13127 元，分别是 2011 年的 1.42 倍、1.47 倍。2020 年全市地区生产总值（GDP）1008.01 亿元，按可比价格计算，比上年增长 4.2%，增速居全省第 5 位、川东北第 1 位，治蜀兴川广元实践各项工作取得新进展新成效。

一是产业方面，坚持“资源共享、市场共建、优势互补、互利共赢”的原则，围绕“一核四带六链”产业发展总体布局及六大特色优势产业，集聚资源优势，找准浙广互利合作切入点，多层次深化产业合作，助推广元构建现代化产业体系。截至 2019 年底，三次产业结构比 16.2∶41.4∶42.4，一二三产业对经济增长的贡献率分别为 6.3%、52.1%、41.6%，产业结构更加合理。

二是基础设施方面，针对广元基础设施落后的现实，强化基础设施建设，为广元经济发展奠定了硬件基础。如今，广元城镇化率达到 47%，3 条高速、4 条铁路在境内交会，广元机场已开通“北上广深”等城市 11 条航线，已开通广元港至重庆果园港集装箱班轮航线，已成为全省公路、铁路、水路、航空、管道五种交通运输方式齐备的六个市（州）之一，被明确为四川北向东出桥头堡和全省 4 个进出川门户型综合交通枢纽之一。

三是民生事业方面，切实保障了基本民生，民生实事全面完成。养老金按时足额发放率和社会化发放率均保持 100%。城镇就业总体平稳，公共服务全面加强，城乡居民基本医疗保险参保 227.65 万人，参保率达 98%，乡镇医保经办服务体系建设评为全国经典案例。

四是生态环境方面，污染防治成效显著。打好污染防治“八大战役”，市城区环境空气质量优良天数率达 97% 以上，地表水环境质量优良率继续保持 100%。在全省率先开展废弃矿井涌水污染综合治理，积极推进垃圾分类试点和国家气候适应型试点城市建设。生态环境问题取得突破性进展。

（三）干部群众观念发生根本变化，发展动力活力全方位迸发

习近平总书记指出，“摆脱贫困首要并不是摆脱物质的贫困，而是摆脱意识和思路的贫困”，东西部扶贫协作和对口支援“要在发展经济的基础上，向教育、文化、卫生、科技等领域合作拓展，要继续发挥互派干部等方面的好经验、好做法，把东部地区理念、人才、技术、经验等要素传播到西部，促进观念互通、思路互动、技术互学、作风互鉴”。东西部扶贫协作需要更新思想理念，思想解放是创新推动扶贫工作的基础。广元通过广泛开展干部人才赴挂职锻炼、培训交流等方式，更新了思想理念，提升了干群发展能力。

一是增强了自强意识。浙江广大援建者大力发扬“5+2”“白加黑”的工作作风，弘扬“特别能战斗、特别能吃苦、特别能团结、特别能奉献”“不怕苦、不怕累、不怕难、不怕险”和“晴天抢着干、雨天巧着干、晚上挑灯干、双休日加班干、合理安排科学干”的“四个特别”“四不怕”“五干”精神，与广元“智勇坚定、排难创新、团结奋斗、不胜不休”的红军精神，“宁愿苦干，不愿苦熬”的大茅坡精神，“厚德行广、坚韧自强、创新开元”的新时期广元精神交相辉映，激励着广元人民感恩奋进、砥砺前行，激励着广元人民不忘初心、继续前进。

二是增强了市场意识。通过浙江—广元扶贫协作提升了干部群众的市场意识。在浙江—广元扶贫协作中坚持市场导向，以是否有市场为出发点，以良好的市场效益以及减贫效果为落脚点。在工业方面，以市场为导向，浙广共建“6+1”工业产业平台（广元市及下辖的6县区都建有产业园），产业类型各有差异，市场定位有别。在农业方面，针对市场而生产，寻找市场去销售。浙江与广元扶贫协作所发展的农业产业，既有广元市具有的特色优势产业，也有从浙江“移植”到广元的浙江的特色优势产业。

三是增强了创新意识。浙广双方在二十多年的扶贫协作中，互相学习借鉴，增强了创新意识，在组织领导、产业发展、劳务协作、消费扶贫等方面创新举措，推动了浙江—广元扶贫协作步伐。例如创新成立浙广扶贫协作领导小组，为浙江—广元扶贫协作工作有序开展提供坚强保障，创新提出共建园区、共谋产业、共同招商实现工业跨越发展，创新构建“333”劳务协作模式，创新建设四大保障体系、五大销售渠道拓展消费扶贫空间等。

四是增强了开放意识。深入推进了“四向拓展、全域开放”的发展策略，构建大开放大合作、与浙江协同发展新格局。通过浙江—广元扶贫协作，广大干部群众思想理念进一步解放更新、自我发展能力显著提升，敢为人先的开放意识和开拓精神，为全面开启建设社会主义现代化广元新征程注入强劲动能。

（四）浙广协同发展水平显著提高，大开放大合作格局加快形成

经过 20 多年的扶贫协作，浙广协同发展水平显著提高，大开放大合作格局加快形成。

一是体制机制逐步成熟。建立了联席会议机制，有效推动协调对接。广元市分别与对口帮扶的台州市、湖州市、丽水市召开了东西部扶贫协作联席会议。借助定期与不定期召开的联席会议，浙广双方统筹推进扶贫协作重大事宜，研究确定双方合作重大事项，协调、指导、解决扶贫协作过程中遇到的困难和问题。建立了领导互访机制，促进协作深度融合。浙江—广元扶贫协作过程中，建立了稳定持续的领导互访机制。2018—2020 年，浙广两地市级党政主要领导率党政代表团互访 19 次，共同谋划东西部扶贫协作的方法和思路，为各项具体工作的开展明晰了目标和方向，增进了浙广

两地的深情厚谊。建立了结对帮扶机制，共同助力广元建成小康社会。广元在东西部扶贫协作过程中创新了结对帮扶机制，开展了多层次、多领域的结对帮扶活动，助推广元全面建成小康社会。浙广双方建立了稳定的县县结对、镇镇结对、村村结对、学校结对、医院结对和村企结对关系。浙广双方建立互学互助机制，提升干部人才能力。始终坚持把人才交流作为优化领导班子结构、激发干部队伍活力的有力举措，采取“请进来、走出去”的方式，大力开展干部人才互派挂职、干部人才培训提能、基层干部人才跟班学习活动，稳步有序推进干部交流工作。构建了信息沟通机制，高效推动工作落实。双方实现信息交流共享，建立完善交流对接、部门联动、信息通报等长效机制，深入推进各项工作。

二是筑牢了产业协同基础。浙江与广元的扶贫协作，探索出东西部扶贫协作产业发展的经验路径。东西部产业重新布局，助推浙广产业协同发展。围绕新型工业、特色农业、现代服务业和生态康养，与浙江开展全方位的产业合作。浙广共谋产业、共建产业园，形成了“一县一园区”“一县一主业”布局。产业融合发展，形成一二三产业融合的现代产业体系。

三是市场空间逐步拓展。广元市围绕促进贫困地区脱贫攻坚和产业长远发展，着力拓宽贫困地区农产品销售渠道，推动贫困地区农产品融入全国大市场。借东西部扶贫协作东风，通过直销、助销、云销、展销、促销等方式与东部对口扶贫协作单位进行产销对接，构建立体式营销网络，拓宽销售渠道。在浙江台州、湖州、丽水三市与广元市的共同推动下，苍溪、旺苍、剑阁、青川、昭化、朝天分别在对应帮扶市开设扶贫产品销售专区专柜。浙江各结对帮扶地区将消费扶贫纳入部门结对帮扶工作内容，以广元优质的农特产品为主，开展政府集中采购活动。以实施国家、省电子商务进农村综合示范项目为抓手，筑牢农产品“上行”基础，发挥阿里、京东、全国供销 e 家、广供天下等电商平台优势，实行互联互动，资源共享，在社交平台开设网络专区，重点销售广元扶贫产品，着力打通消费扶贫“网购”渠道。采取“互联网＋商家”模式，把各县区在浙设立的农特产品展销馆作为线下前沿展台，开展原产地农特产品的中转和体验，推进线上线下销售同步推进、相互促进，消费者可以尽情体验到“线上＋线下”购买广元特产的便利。利用市场拓展“三大活动”，积极组织参加扶贫产品销售活动。

四是开放格局逐步形成。广元市认真贯彻落实习近平总书记关于东西部扶贫协作重要讲话精神，按照浙川两省党委政府决策部署，坚定落实四川省委“一干多支、五区协同”，“四向拓展、全域开放”战略部署，聚焦精准扶贫精准脱贫、区域协同发展，切实加强与浙江省及台州市、湖州市、丽水市密切联系，多层次、宽领域、全方位开展东西部扶贫协作。

四、浙江—广元扶贫协作的实践启示

（一）浙江—广元扶贫协作实践创新，充分体现了牢记习近平同志殷殷嘱托、实现跨越发展的政治自觉，开启社会主义现代化建设新征程必须坚持以习近平新时代中国特色社会主义思想为根本遵循

浙江—广元扶贫协作实践创新，充分体现了牢记习近平同志殷殷嘱托、实现跨越发展的政治自觉。广元市委、市政府始终牢记习近平同志“两封来信”“一次视察”“一次接见”殷殷嘱托，始终把东西部扶贫协作、决战决胜脱贫攻坚作为最大的政治责任、最大的民生工程、最大的发展机遇，坚持高站位谋划、高起点布局、高标准推进。一是坚持高位推动。浙江省委、省政府主要领导亲力亲为、靠前指挥，多次研究推动浙江—广元扶贫协作有关事宜，充分体现了高度的政治自觉、强烈的使命担当和真挚的为民情

怀。四川省委、省政府主要领导多次听取广元工作情况汇报，每年带领党政代表团到浙江考察学习、汇报对接。二是坚持高频互动。台州市、丽水市、湖州市3市6县分别与广元6个县区建立结对帮扶关系和互访对接机制，坚持真情实意、真抓实干、真金白银开展对口帮扶协作，开展市级主要领导交流互访19次、县级主要领导对接66次，召开联席会议60次，浙江投入财政帮扶资金6.749亿元、实施帮扶项目264个。三是携手共创东西部扶贫协作示范市。在2018年5月浙川扶贫协作现场推进会上，两省形成了支持广元创建东西部扶贫协作示范市的共识。广元坚定扛牢政治责任和时代使命，与浙江一道创新理念方法、精准精细施策，切实把示范市创建工作落实落细，勠力同心打赢脱贫攻坚战。

开启社会主义现代化建设新征程必须坚持以习近平新时代中国特色社会主义思想为根本遵循。党的十八大以来，以习近平同志为核心的党中央

2018年5月，浙川扶贫协作高层联席会议在成都召开

坚持以马克思列宁主义、毛泽东思想、邓小平理论、“三个代表”重要思想、科学发展观为指导，坚持解放思想、实事求是、与时俱进、求真务实，坚持辩证唯物主义和历史唯物主义，紧密结合新的时代条件和实践要求，以全新的视野深化对共产党执政规律、社会主义建设规律、人类社会发展规律的认识，进行艰辛理论探索，取得重大理论创新成果，创立了习近平新时代中国特色社会主义思想。习近平新时代中国特色社会主义思想内涵十分丰富，涵盖了经济、政治、法治、科技、文化、教育、民生等各方面。一是开启社会主义现代化建设新征程要求深刻认识习近平新时代中国特色社会主义思想的重大意义。深入学习贯彻习近平新时代中国特色社会主义思想，对于凝聚全党全国各族人民的思想共识和智慧力量、决胜全面建成小康社会、夺取新时代中国特色社会主义伟大胜利、实现中华民族伟大复兴的中国梦，具有重大现实意义和深远历史意义。二是开启社会主义现代化建设新征程要求深刻领会习近平新时代中国特色社会主义思想的精神实质。要把学习贯彻习近平新时代中国特色社会主义思想作为当前和今后一个时期的首要政治任务，深刻理解旗帜鲜明讲政治的根本要求、推动高质量发展的战略定力、以人民为中心的坚定立场、推进生态文明建设的责任担当、勇于自我革命的鲜明品格等精神实质。三是开启社会主义现代化建设新征程要求深入践行习近平新时代中国特色社会主义思想。要深刻把握坚决落实党中央决策部署、坚持稳中求进工作总基调、践行新发展理念、抓机遇强优势补短板等实践要求，真懂真用、知行合一，广大党员干部要提高政治站位、强化政治担当，切实把树立“四个意识”、坚定“四个自信”、做到“两个维护”落到行动上，以高度的使命感责任感践行习近平新时代中国特色社会主义思想。

（二）浙江—广元扶贫协作实践创新，充分体现了党统揽全局，决战决胜脱贫攻坚的政治担当，推动区域协同发展必须坚持党的全面领导

浙江—广元扶贫协作实践创新，充分体现了党统揽全局，决战决胜脱贫攻坚的政治担当。习近平总书记指出，“党政军民学，东西南北中，党是领导一切的”。坚持党的领导是推进东西部扶贫协作的根本保证。全面加强党的领导，高效统筹帮扶大局，彰显了党的政治领导力；高效统一帮扶步调，彰显了党的思想引领力；高效构筑脱贫攻坚体系，彰显了党的组织力；高效凝聚社会力量，彰显了党的号召力。为打赢打好脱贫攻坚这场必胜之战，从中央到地方高度重视，浙江—广元扶贫协作开展以来，浙江省委、省政府，四川省委、省政府和广元市委、市政府高度重视，广元成立由市委、市政府主要领导任组长的市级浙广扶贫协作领导小组，领导小组下设“一办八组”，各县区相应成立领导小组，全面统筹推进扶贫协作工作。受帮扶县区坚持党委统一领导、政府具体负责的统筹领导体制，充分发挥政治优势和制度优势，加强对东西部扶贫协作工作的领导，将工作纳入重要议事日程，认真安排部署和组织实施。强化创新考评体系，加强成效考核，建立完善长效帮扶合作机制。广泛动员党政机关、企事业单位和社会力量参与，形成帮扶合力。

推动区域协同发展必须坚持党的全面领导。消除贫困、改善民生、逐步实现共同富裕，是社会主义的本质要求，是我们党的重要使命。脱贫攻坚战彰显了中国共产党为人民谋幸福的初心，党的思想引领为脱贫攻坚战的推进注入强大的精神动力，党的顶层设计为脱贫攻坚指明了道路和方向，党的组织建设为脱贫攻坚提供了坚强的组织保证。区域协同发展是一项跨区域的发展大联动，西部地区各级党组织要主动发挥“领头羊”的作用，在

工作中大胆解放思想，强化机遇意识，着力提升协作成效。一是各级党委政府主要负责同志要亲自抓。俗话说“老大难，老大难”，那么“老大一动就不难”。党委政府主要领导要全面审视和准确把握区域协同发展的政治意义、现实意义和历史意义，把区域协同发展作为重要的政治任务亲自抓、亲自推，大力加强区域协同发展战略机遇的宣传引导，让干部群众自觉融入区域协同发展的创建中，强化不进则退的危机感、机不可失的紧迫感、义不容辞的责任感，努力形成人人思进取、人人抓发展的良好干事创业氛围。二是强化世界眼光和战略思维。在区域协同发展工作中，各级党政干部要积极学习东部沿海地区奋勇争先、永争一流的境界气魄，在政策制定、城市建设、产业发展上站在“一带一路”倡议、长江经济带建设、成渝地区双城经济圈建设、川陕革命老区发展振兴、新时代西部大开发等国家发展大战略和川东北等区域发展大格局的高度来谋划，产业企业要放眼国内外市场审视。三是积极破除“盆地”思维敢闯敢试。各级党委政府要加快破除传统发展模式依赖、政策依赖，学会运用市场机制干事业、法治手段解难题、改革创新找出路。

（三）浙江—广元扶贫协作实践创新，充分体现了坚持以人民为中心实现共同富裕的政治定力，推动区域协同发展必须不断满足人民对美好生活的向往

浙江—广元扶贫协作实践创新，充分体现了坚持以人民为中心、实现共同富裕的政治定力。浙江—广元扶贫协作中，从最初解决温饱问题到实现贫困人群全面进入小康社会，始终围绕着让人民过上幸福美好生活的根本目标，深刻体现了以人民为中心的价值理念。一是聚焦精准扶贫、精准脱贫。把建档立卡贫困人口稳定脱贫作为浙江—广元扶贫协作工作的重中之重，将浙江帮扶资金和项目以及劳务协作、社会扶贫等各类帮扶资源瞄

准贫困村、贫困人口，精准选择脱贫产业项目和脱贫奔小康帮扶措施，变“大水漫灌”为“精准滴灌”，做到真扶贫、扶真贫、真脱贫。广元市各县区基础设施明显改善，公共服务水平较大提升，产业发展初具规模，贫困人口增收明显，切实提高了贫困人群的幸福感。二是充分发挥了贫困群众的主体作用。充分调动受帮扶贫困地区干部群众自主发展的积极性、主动性、创造性，大力开展技能培训和人才交流，帮助和带动贫困人口苦干实干，促进外部帮扶与内生动力紧密结合，不断激发脱贫致富的内生动力。引导贫困地区干部群众发扬自强自立精神，依靠自身努力改变贫困落后面貌，实现光荣脱贫、勤劳致富。改变传统包办代替和简单发钱发物的形式，在扶贫项目的实施过程中，要求贫困人群参与项目的决策、管理、实施和评价等，充分体现贫困人群的主体地位，发挥贫困人群的积极性。三是鼓励人民群众参与扶贫，发扬主人翁精神。动员全社会力量参与脱贫攻坚，形成东西部扶贫协作合力。鼓励引导和广泛动员浙江民主党派、工商联、红十字会以及扶贫协会、扶贫基金会、行业协会商会、志愿服务组织等社会组织、民营企业、社会爱心人士和企业家到受帮扶县区开展定向援助、捐资助学、慈善公益、医疗救助、支医支教、以购代捐等多形式、多领域的扶贫活动。

推动区域协同发展必须不断满足人民对美好生活的向往。习近平总书记指出，以人民为中心的发展思想，不是一个抽象的、玄奥的概念，不能只停留在口头上、止步于思想环节，而要体现在经济社会发展各个环节。要坚持人民主体地位，顺应人民群众对美好生活的向往，不断实现好、维护好、发展好最广大人民根本利益，做到发展为了人民、发展依靠人民、发展成果由人民共享。一是坚持人民主体地位，通过完善落实中国特色社会主义政治制度，保证人民当家做主，保证人民广泛参加国家治理和社会治理，最大限度地调动人民群众建设美好家园的积极性、主动性、创造性，把发展依靠人民落到实处。二是必须坚持立党为公、执政为民，实现好、维护好、发展好最广大人民根本利益，切实把民之所望作为施政方向，在幼有所育、学有所教、劳有所得、病有所医、老有所养、住有所居、弱有所扶上不断取得新进展。三是下大力气解决不平衡不充分发展问题。必须突出抓重点、补短板、强弱项，破解发展难题，增强发展动力，厚植发展优势。大力提升发展质量和效益。要坚持质量第一、效益优先，以深化供给侧结构性改革为主线，推动经济发展质量变革、效率变革、动力变革，提高全要素生产率，实现遵循经济规律的科学发展、遵循自然规律的可持续发展、遵循社会规律的包容性发展，为不断增强我国综合国力、经济创新力和竞争力构筑坚实基础。四是增强发展的协调性。牢牢把握“五位一体”的总体布局，协调推进“四个全面”战略布局，正确处理发展中的重大关系，坚持区域协同、城乡一体、物质文明和精神文明并重，在协调发展中拓展发展空间，在加强薄弱领域中增强发展后劲。五是抓住人民最关心、最直接、最现实的利益问题。要坚守底线，织牢民生安全网的“网底”，保障群众基本生活；突出重点，对重点群体和重点地区进行倾斜；完善制度，使制度更加公平、普惠和可持续；引导预期，坚持人人参与、人人尽责、人人享有，使改善民生既是党和政府工作的方向，又成为广大人民群众自身奋斗的目标；提高保障和改善民生水平，突出抓好教育、就业、健康、社会保障、社会治理等惠民工程，在增进民生福祉中不断提高人民群众的幸福指数。

（四）浙江—广元扶贫协作实践创新，充分体现了坚持产业协同发展、促进互利共赢的路径选择，推动区域协同发展必须加快实施大开放大合作

浙江—广元扶贫协作实践创新，充分体现了坚持产业协同发展、促进

互利共赢的路径选择。立足帮扶双方实际情况，发挥双方的比较优势，以扶贫协作为桥梁，找准互补点，拓宽合作面，深化产业合作、园区共建、旅游开发等各领域交流合作，因地制宜、因人施策开展扶贫协作，实现帮受双方优势互补、合作共赢、协同发展、共同致富。一是拉长产业链条，深化新型产业协作。突破性发展战略性新兴产业和军民融合产业，围绕西部地区产业布局，着力抓好食品饮料、新材料、清洁能源、化工、机械电子、生物医药等特色优势产业发展，依托川浙合作产业园扩大东西部扶贫协作产业园规模。二是做优农业产业，深化特色农业开发合作。紧紧围绕优质粮油、生态畜禽水产、高山绿色果蔬、特色山珍、富硒富锌茶叶、道地中药材等优势特色产业，与浙江等东部地区共育农业产业化龙头企业，共建产业园区、扶贫车间，共同打造特色农产品示范基地；引进浙江稻田养虾、安吉白茶等优势农产业，丰富西部地区农产品类别，壮大地区农产业的团体优势。三是做深做强文旅产业，深化生态康养旅游和特色文化产业开发合作。积极宣传推介西部地区优质气候资源、生态资源、自然资源、文化资源、旅游资源、温泉资源、农产品资源，引进浙江等东部地区大型企业积极参与康养旅游、健康服务、文化创意、观光农业、工业旅游、体育旅游等文化旅游项目开发和红色文化基地培育。建立旅游宣传联合营销机制，用心对接浙江等东部地区在文旅资源方面的市场需求，积极承接浙江省等东部地区干部职工到西部地区疗养休养、中小学生到西部地区开展研学旅行活动，大力推动东西部地区旅游资源共享、市场互换。

推动区域协同发展必须加快实施大开放大合作。坚定贯彻习近平总书记关于区域协调发展的重要指示要求，在浙江协作市、县、区的大力支持下，实施大开放大合作战略，整合全市资源，推动与浙江协同发展。一是要进一步优化政务服务。持续深化“放管服”改革，落实好支持浙江扶贫企业来广元投资 8 条优惠政策，细化现代农业、新型工业、康养旅游等产业合作办法，推进浙企入广、实现互利双赢。二是要进一步深化产业合作。发挥浙广两地比较优势，做长产业链、延伸价值链。在现代工业、新型农业、康养旅游等方面全面展开与浙江方面的合作，进一步延伸产业链条，做好工业产业发展的配套，做好农产品的加工、储存、销售等工作，提升产品的附加值。进一步开辟精品旅游线路，引导浙江干部职工来广元疗养休养。三是要加大招商引资力度。坚持“引进来”“走出去”并重，积极参加浙洽会、浙江农博会、杭州西博会等节会展会。进一步推动浙江招商分局开展“驻点招商”，针对目标企业开展“敲门招商”，借助广元温州商会等开展“以商招商”。招商引资眼光要更加开阔，不局限于对口帮扶地区企业，要通过多种途径宣传广元招商引资政策和营商环境，吸引更多企业来广元投资兴业。四是要进一步推进“四向拓展、全域开放”。贯彻落实成渝地区双城经济圈建设决策部署，深入推进“四向拓展、全域开放”，加快建设成渝地区北向重要门户枢纽、高品质生态康养“后花园”、绿色产品供给地和产业协作配套基地。进一步深化与长三角、珠三角等区域合作。

（五）浙江—广元扶贫协作实践创新，充分体现了转变发展方式提升整体发展水平的坚定决心，推动区域协同发展必须着力实现高质量发展

浙江—广元扶贫协作实践创新，充分体现了转变发展方式提升整体发展水平的坚定决心。一是从“输血”向“造血”转变。坚持“造血”与“输血”并重、扶志扶智与扶贫同步，从完善硬件、教育培训等方面入手，增强贫困人群的发展能力。援建学校71所、卫生院70所，进一步改善了贫困乡村教育卫生条件。救助贫困大学生和失学儿童8912名，有效阻断了贫困代际传递。培训贫困农民2.33万人次，组织各类职业技术学校开展“订单式”培养，带动贫困群众在浙江长期务工，实现了贫困家庭培训一人、脱贫

发展东西部扶贫协作蔬菜产业，建成农业特色产业园区，直接带动贫困户增收

一户。二是从扶贫向扶志扶智转变。坚持扶贫与扶志扶智相结合。精准把握“扶贫不是养懒汉”要求，坚决摒弃“不劳而获”的分配方式，坚决杜绝“一发了之”“一股了之”“一分了之”等现象发生，各类产业、劳务和民生项目通过吸纳就业、设立公益性岗位、生产奖补等形式带动贫困人口40246人、贫困残疾人2520人。三是从农业主导向三产融合发展转变。围绕现代特色农业“7+3”产业体系，坚持“三园联动”，建成广元黄茶、苍溪红心猕猴桃等特色农业万亩产业基地10个，安吉白茶、仙居杨梅等千亩产业园区100个，总面积45万亩。围绕“6+2”新型工业体系，共建工业产业园区，建成园区1.6万亩，三年间招引58家企业落户园区，总投资163亿元。围绕现代服务业产业发展，大力开展消费扶贫，构建产品认证、产品流通、产品营销、质量监管“四大体系”，组织75家企业、150余个地方特色农

产品走进浙江等地推介营销，五大类20多个广元扶贫产品进入浙江机关食堂，累计销售广元特色农产品33.6亿元，带动贫困人口2.2万余人。围绕建设中国生态康养旅游名市的五大生态康养旅游产业，引进浙江大型企业参与广元康养旅游、健康服务、文化创意、观光农业、工业旅游、体育旅游等项目开发和红色文化基地培育。借鉴先进理念，以浙江—广元扶贫协作资金为杠杆撬动社会资本投入，发展民宿经济、民宿文化，设计打造民宿小镇、民宿乡村，推动农旅文深度融合。

推动区域协同发展必须着力实现高质量发展。一是实施创新驱动发展战略。推进市场导向的科技创新，强化创新驱动的教育、人才和科技基础。把增强创新能力与完善现代产业体系结合起来，增强科技面向经济建设主战场、服务发展方式转变的支撑能力。充分发挥科技创新对产业优化升级的驱动作用，强化企业在技术创新中的主体地位，引导资金、人才、技术等创新资源向企业集聚。二是推进经济结构战略性调整。一方面，应坚持扩大内需战略。巨大的内需潜力是我国经济发展的优势所在，要突破体制机制障碍，建立促进消费和扩大内需的长效机制，把巨大的内需潜力释放出来。另一方面，必须加快推进产业转型升级。进一步促进三产融合发展，鼓励发展现代服务业，拓展服务业发展空间；加快培育发展战略性新兴产业，构建创新价值链，提升产业核心竞争力。三是推动城乡发展一体化。统筹城乡发展，必须在推进工业化城镇化的同时，大力推进农业现代化，加快社会主义新农村建设。继续加强农村基础设施和公共服务建设，完善农村发展体制机制，促进农民稳定增收。逐步实现城乡基本公共服务均等化，促进城乡一体化发展。

第二篇　专题报告

浙江—广元扶贫协作创新举措

一、领导掌舵与机制护航　奠定东西部扶贫协作组织基础

党的十八大以来，在习近平同志关于东西部扶贫协作的重要论述指导下，各地各部门以前所未有的力度开展新一轮的东西部扶贫协作，取得了累累硕果并总结出许多典型经验。在众多典型经验中，浙江与广元的东西部扶贫协作承载着习近平总书记“两次来信”“一次视察”“一次接见”对广元发展的殷殷重托，有效地践行了习近平总书记关于东西部扶贫协作的重要论述精神，强力推动了广元的脱贫攻坚进程。同时，浙江与广元之间构建形成了互利共赢的区域协同发展格局，有助于双方在国际国内面临前所未有的风险与挑战之际，有效地嵌入新发展格局，协作增强发展韧性、提高发展质量。东西部扶贫协作的浙广实践之所以富有成效，离不开领导掌舵与机制护航，夯实了浙江—广元扶贫协作的组织基础。

（一）强化组织领导引领深度协作

消除贫困、改善民生、实现共同富裕，是社会主义的本质要求，是中

国共产党的重要使命。中华人民共和国成立以来，中国共产党带领全国各族人民持续向贫困宣战，取得了举世瞩目的减贫成就，并且为下一步的乡村振兴奠定了坚实的基础。实践证明，党对脱贫攻坚的组织领导，是脱贫振兴的根本性保障。党的十八大以来，脱贫攻坚被提高至治国理政的战略高度，党的领导核心高度重视和亲自指挥，党中央建立并完善脱贫攻坚的责任体系，层层压实脱贫责任[①]。东西部扶贫协作是脱贫攻坚的重要构成，强化组织领导是新时代进一步深化东西部扶贫协作的有力保障。2016 年，中共中央办公厅、国务院办公厅印发《关于进一步加强东西部扶贫协作工作的指导意见》，明确提出“帮扶双方党委和政府要加强对东西部扶贫协作和对口支援工作的领导，将工作纳入重要议事日程，科学编制帮扶规划并认真部署落实，建立完善机制，广泛动员党政机关、企事业单位和社会力量参与，形成帮扶合力”。新一轮东西部扶贫协作实施以来，浙江和广元认真贯彻落实习近平总书记关于东西部扶贫协作系列重要讲话精神，按照浙川两省省委、省政府的决定部署，坚持高站位谋划、高起点布局、高标准推进，以脱贫攻坚统揽广元经济社会发展全局，把浙江帮扶作为强大动力，鲜明提出创建东西部扶贫协作示范市，通过组织引领切实加强广元与浙江省及湖州市、台州市、丽水市密切联系，多层次、宽领域、全方位开展东西部扶贫协作，走出了一条从资金援助到智力帮扶、从重点支持到整体覆盖、从民生输血到产业造血、从交流交往到协同发展的富有特点的扶贫协作新路径，实现了广元的脱贫振兴并为长远性的区域协同发展夯实了基础。

1. 强化组织领导：成立浙江—广元扶贫协作领导小组

东西部扶贫协作是我国扶贫开发以及区域协同发展的重要战略，是一

① 黄承伟：《脱贫攻坚彰显中国共产党治理能力》，《中国领导科学》2020 年第 3 期。

项严肃的政治任务，是一项重大的民生工程。2016年7月，习近平总书记在银川主持召开东西部扶贫协作座谈会时强调要提高认识、加强领导，“双方党政主要负责同志要亲力亲为推动工作，把实现西部地区现行标准下的农村贫困人口如期脱贫作为主要目标，加大组织实施力度”。新一轮东西部扶贫协作实施以来，浙江与广元提高站位、深化认识，通过组织引领不断增强浙江—广元扶贫协作的政治自觉和行动自觉，争当东西部扶贫协作的排头兵。新一轮浙川东西部扶贫协作启动之后，广元市迅速成立市、县扶贫协作领导小组，加强与浙江省以及相关帮扶市县对口支援领导小组的联系与协作。

浙江—广元扶贫协作结对关系一览表

序号	浙江省帮扶市	帮扶县（市、区）	广元市受帮扶县（区）
1	湖州市	吴兴区	青川县
2	台州市	路桥区	朝天区
3		仙居县	旺苍县
4		三门县	苍溪县
5	丽水市	莲都区	剑阁县
6		龙泉市	昭化区

市级层面，广元市始终将东西部扶贫协作纳入重点工作统筹部署，于2017年底成立浙广东西部扶贫协作领导小组，先后召开常委会、常务会、领导小组工作会等80余次会议专题部署东西部扶贫协作工作，全面推动各项任务落实落地。组织领导层面，负责统筹协调东西部扶贫协作的广元市

浙广东西部扶贫协作领导小组实行党委统一领导、政府具体负责的统筹领导体制，由市委书记王菲、市长邹自景担任组长，相关市领导担任副组长，相关市级单位主要负责人为领导小组成员。同时，为有序推进浙江—广元扶贫协作工作，领导小组下设“一办八组”，领导小组办公室设在市发展改革委，统筹协调开展东西部扶贫协作的政策制订、资金安排、监督考核、信息发布等工作。同时，围绕项目推进、人才交流、劳务协作、产业合作、社会帮扶、携手奔小康、社会事业、理论宣传开展具体工作，市相关部门形成八个工作小组，并按照“清单制＋责任制”的要求压实相关部门责任，实行月通报、季商会、年总结。在此过程中，浙江—广元扶贫协作领导小组办公室按照《东西部扶贫协作考核办法（试行）》开展考核，考核结果纳入相关部门年度综合目标考核范围。

县区层面，县区是东西部扶贫协作的实施主体。广元市受帮扶县区同期成立了东西部扶贫协作领导小组，每一个县区的领导小组都由一名市领导挂帅，由县区委书记、县区长担任组长，相关县区领导任副组长，各相关部门和乡镇主要领导为小组成员。同时，县区东西部扶贫协作领导小组下设办公室作为专门的办公机构，配备专职人员参与东西部扶贫协作工作管理，各相关成员单位也分别落实分管领导和工作人员专职负责东西部扶贫协作的具体工作。以苍溪县为例，苍溪县始终把东西部扶贫协作工作纳入党委、政府的重要议事议程，坚持一个县领导联系、一个班子落实、一个责任单位推进、一个实施方案的“四个一”工作推进方式，构建“县委县政府统筹、牵头部门主责、责任单位主抓”责任体系。

2. 形成制度保障：共建深度协作的制度体系

在推进新一轮东西部扶贫协作的过程中，构建系统完备、科学规范、运行有效的制度体系是浙江—广元扶贫协作得以不断深化的有力保障。

首先，通过强化顶层设计推动浙江—广元扶贫协作的长效化、规范化运作。广元旗帜鲜明提出创建东西部扶贫协作示范市，因地制宜制订出台《广元市创建东西部扶贫协作示范市工作方案》《浙广东西部扶贫协作三年行动实施方案（2018—2020年）》等指导性文件。例如，《广元市创建东西部扶贫协作示范市工作方案》的出台明确了浙江—广元扶贫协作的工作目标和具体任务，围绕组织领导、人才支援、资金管理、产业合作、劳务协作、携手奔小康行动六个方面创新工作思路、完善政策机制、提升政策质量，着力建设一批示范乡镇、示范村、示范产业、示范园区、示范项目，引领提升浙江—广元扶贫协作整体工作水平，力争形成可借鉴、可推广的成功做法或经验，为广元市扎实做好东西部扶贫协作工作提供行动指南。此后，浙江省广元市携手制订《浙广东西部扶贫协作三年行动实施方案（2018—2020年）》，明确浙江—广元扶贫协作以组织领导为引领、帮扶项目为重心、产业合作为突破、人才支援为动力、劳务协作为支撑，着力精准减贫带贫、深化产业合作、构建协同发展长效机制。同期，广元市6个受帮扶县（区）出台了相应的制度文件。例如，广元市朝天区协同浙江省台州市路桥区出台了《朝天区创建东西部扶贫协作示范区工作方案》《路桥—朝天东西部扶贫协作"山海经"三年行动实施方案（2018—2020年）》，强调浙江—广元扶贫协作坚持精准扶贫、精准脱贫、优势互补、互利共赢的基本方略，遵循"帮扶方所能、受援方所需"，用心念好"山海经"的协作理念，着力提升东西部扶贫协作的精度、产业合作的深度、组织领导的力度，进一步强化责任落实、优化结对关系、深化结对帮扶、聚焦脱贫攻坚。

其次，构建完善的制度体系保障浙江—广元扶贫协作的组织运作，即通过制度保障强化党对东西部扶贫协作的领导，以及建立各负其责、各司其职的责任体系。新一轮浙江—广元扶贫协作推进期间，广元市出台了《广元市浙广扶贫协作领导小组工作规则》以及分年度的《广元市东西部扶贫协作工作要点》《广元市东西部扶贫协作工作目标任务》《广元市东西部扶贫协作考核细则》等文件，通过构建制度以保障资金、人力、物力的投入，推动建立因地制宜、因村因户因人施策的东西部扶贫协作帮扶体系，建立广泛参与、合力攻坚的社会动员体系，不断提高浙江—广元扶贫协作的制度化、规范化、程序化水平。

最后，构建监督制度保障浙江—广元扶贫协作的有效落地。项目筛选方面，广元市以解决贫困群众“两不愁三保障”为基本原则，以带动贫困地区发展和带领贫困群众增收为核心，以产业发展、民生改善、劳务协作、人才支援作为项目支持重点，把东西部扶贫协作项目纳入县级脱贫攻坚项目库，规范管理、进出有据。在此过程中，广元市以及受帮扶县（区）把东西部扶贫协作项目资金与各县区脱贫攻坚项目资金中的涉农资金、移民后扶资金、社会帮扶资金等整合、融合，同步规划、同步实施、同步管理、同步督导，让帮扶资金效益最大化。项目管理方面，广元市以及受帮扶县（区）出台相应政策建立东西部扶贫协作项目财政评审、招投标“绿色通道”，以简化程序、优化流程、提高绩效。同时，深入开展东西部扶贫协作项目“大比武”，把东西部扶贫协作项目纳入脱贫攻坚“春季攻势”“夏季战役”重要内容，实行“每月战报”机制，对市级相关部门和受帮扶县（区）项目推进情况进行科学、严格的督查、暗访、评价，在广元日报等新闻媒体进行排位、通报。监督监管方面，制订《浙广扶贫协作项目资金管理办法》《浙广扶贫协作项目资金绩效评价办法》《东西部扶贫协作项目收益资金池使用管理办法》等规章制度，从规划、资金和监督管理及绩效评价方面，全过程加强对资金项目的有效监管，确保项目资金安全、高效运行，进而提升扶贫资金使用管理水平。

3. 构建沟通机制：推进领导互访、联席会议与信息交流

首先，领导互访层面，按照畅通信息、精准协作、发展互惠、合作双赢的原则，广元市浙江—广元扶贫协作领导小组已与浙江省台州市、湖州

市、丽水市的主要领导建立了领导互访机制，开展高频次的对接互访、调研考察，推动双方政策、资源等优势，促进产业、劳务、人才等方面的交流与合作。据统计，广元市受扶市、县（区）与浙江省帮扶市、县（区）主要领导开展互访对接 70 余次。通过领导互访，双方不断促进协作领域的深化拓展、协作工作的深入推进，共同谋划东西部扶贫协作的方法和思路，为各项具体工作的开展明晰了目标和方向，增进了两地的深情厚谊，实现了共建东西部扶贫协作示范市目标的稳步推进，塑造了大开放大合作的新发展格局。例如，领导互访大力推动了广元的“引进来”与“走出去”。一方面，广元市积极参加浙洽会、浙江农博会、杭州西博会等节会展会，推动“广元造”走进浙江、走向世界。另一方面，积极推进共建产业园区的落地，筑巢引凤吸引东部企业落户园区。

其次，建立双方联席会议制度。为推进深度协作，广元市分别与对口帮扶的浙江省台州市、湖州市、丽水市召开了东西部扶贫协作联席会议。借助联席会议，浙广双方签订了广元—台州、广元—湖州、广元—丽水扶贫协作框架协议。同期，广元市苍溪县与台州市三门县、广元市旺苍县与台州市仙居县、广元市剑阁县与丽水市莲都区、广元市青川县与湖州市吴兴区、广元市昭化区与台州市龙泉市、广元市朝天区与台州市路桥区也分别召开了联席会议，并签订了扶贫协作框架协议。此外，借助定期与不定期召开的联席会议，浙广双方统筹推进扶贫协作重大事宜，研究确定双方合作重大事项，协调、指导、解决扶贫协作过程中遇到的困难和问题。据统计，截至 2020 年 6 月，浙江与广元双方市级、县区主要领导召开联席会议 66 次。

最后，建立了有效的信息沟通机制。为及时、准确、全面、充分反映工作情况、问题和经验，浙广双方建立完善了交流对接、部门联动、信息通报等长效机制，推动信息交流共享。具言之，浙江—广元扶贫协作信息报送内容包括：一是浙江—广元扶贫协作组织领导、人才交流、资金使用、产业合作、劳务协作和携手奔小康等工作情况；二是浙江—广元扶贫协作项目进展情况；三是会议、重大事件、重要成果、相关制度建立等信息；四是半年、全年工作总结，包括工作开展情况、主要经验和存在问题，下半年或来年工作安排。同时，建立了信息报送制度：一是浙江—广元扶贫协作工作情况实行月通报制；二是信息报送工作实行季通报制，对信息报送工作开展好的单位及个人予以通报表扬，对不按要求报送信息的予以通报限期整改。

（二）夯实组织体系推进深度协作

在领导掌舵的基础上，浙江—广元扶贫协作的有序推进依赖于组织体系的夯实，即构建了“市委统揽全局、政府协调各方、牵头部门主抓、责任单位联动”的组织体系，以及市、县（区）、部门、乡镇、村“五级”协作的工作机制。同时，有效推动多层级开展结对帮扶，鼓励引导和广泛动员浙江省的爱心人士和企业家开展扶贫活动，形成全市上下一盘棋的协作与工作格局，共同推进浙江—广元扶贫协作的落地落实。

1. 建立对口协作：构建部门对口合作关系

新一轮浙江—广元扶贫协作中，建立健全行业部门对口合作机制，加强与帮扶单位对口衔接，是深化扶贫协作的组织基础。如前所述，浙江—广元扶贫协作是在广元市以及受扶县（区）东西部扶贫协作领导小组的领导下，相关行业部门围绕人才交流、产业合作、劳务协作、社会帮扶等方面形成上下联动、部门协同的工作格局，以推动扶贫协作工作的落地落实。在此过程中，除了领导小组的对接，相关行业部门也建立了良好的合作关系。具言之，广元市级部门、县区与对口帮扶县（市、区）普遍建立结对帮扶关系，探索领导互访、联席会议、月度视频沟通等机制，实现全面无缝对接。

例如，广元市、县区组织部门加强常态化工作对接、沟通联系，共同研究干部人才交流合作重大事项，互通挂职锻炼、跟班学习干部人才工作表现，确保各项工作扎实有序推进。市级教育、卫生等相关部门也在加强与对口帮扶部门联系对接，积极开展多种形式的互访交流活动。特别是在产业发展、劳务协作、招商引资等重点协作领域，浙广双方相关部门之间建立了良好的互动与合作关系。

具言之，招商领域，浙广双方行业部门初步建立了共同招商机制。广元市苍溪县商务经济合作局与浙江省台州市三门县经济合作局签订了《招商引资合作协议》，出台了《东部企业来苍投资支持政策》，苍溪县在台州市、玉环市挂牌“苍溪县商务和经济合作局台州分局”，与三门县共建产园区、共谋项目、共同招商。旺苍县研究制定了《浙江扶贫协作企业来旺投资

吴兴—青川扶贫协作联席会议

支持政策》，并分别与海盐县于城镇、望海街道办建立了合作关系。广元市剑阁县商务和经济合作局与丽水市莲都区经济商务局就《莲剑产业协同招商战略合作协议书》已初步达成一致。广元市青川县相继制定印发了《引导和支持浙江扶贫协作企业来青川投资十条政策》《吴兴区助力青川县东西部扶贫协作的若干政策意见》，定期召开吴兴—青川扶贫协作联席会议，聘请吴兴区数名招商顾问开展协同招商。昭化区与龙泉市共同研究出台了《浙江扶贫协作企业来昭化投资支持政策》和《昭化区东西部扶贫协作旅游产业发展的优惠政策》，并全面落实《丽水市龙泉区人民政府—广元市昭化区人民政府东西部扶贫协作框架协议》关于产业转移的约定。朝天区经济合作事务中心与台州市路桥区投资促进中心签订了《招商引资合作协议》。此外，广元市积极赴嘉兴市海盐开展承接产业转移活动，旺苍县、青川县、昭化区和广元经开区分别与海盐县澉浦镇等 7 个街道办、海盐经济开发区签订了《产业项目转移承接合作框架协议书》。当前，广元市以及受扶县（区）依托浙江帮扶方招商平台、人脉资源和已经建立的共同招商机制，积极加强与帮扶方沟通，进一步全面落实共同招商机制。

2. 强化结对关系：拓展宽领域、全方位协作

习近平总书记指出，扶贫开发是全党全社会的共同责任，要动员和凝聚全社会力量广泛参与。社会力量在发展生产、提质教育、社会服务、公益扶助等方面有很大优势，尤其是在帮助贫困地区根植发展基因、构筑产业支撑、激活前进动力、阻断贫困发生动因等方面更能够发挥巨大作用，这是对政府扶贫职能的巨大补充，也是我国政治优势和制度优势的重要体现。为了充分激活社会力量参与东西部扶贫协作，浙江、广元双方重心下移延伸结对层级，在美丽乡村建设、产业发展、教育、医生队伍建设等领域深化协作，建立乡镇、村村、学校、医院、村企等结对关系，细化落地结对协议，常态开展扶贫活动。据不完全统计，新一轮东西部扶贫协作实施以

来，浙江—广元结对的乡镇、村村、学校、医院、村企共计702对，宽领域、全方位协作的拓展主要体现在以下几个方面：

一是按照重心下沉、资源下倾的工作要求，推动乡镇、行政村一级扶贫结对，明确农业领域、劳务用工、社会事业等方面协作交流事项，促使扶贫资源直面贫困人口以及脱贫振兴中的协同发展。乡镇结对层面，以广元市青川县青溪镇与湖州市吴兴区妙西镇的结对为典型。青溪镇与妙西镇于2020年5月签订以“党建引领、发展同行”为主旨的《“乡村振兴·西溪同行”党建联盟协议》，双方以“感情相亲、产业互助、协助共赢”为目标，充分发挥党建引领作用，打造具有青溪特色、妙西韵味的红色名片。合作期间，双方围绕生态旅游发展、产业转型升级、集体经济增收等内容，深入开展基层阵地共建、党员群众共帮、党建资源共享、干部人才共育、产业发展共带五大工程。具言之，基层阵地共建层面，打造村党群服务中心或人大代表联络站一处；党员群众共帮层面，重点实施党员群众结对互帮、“微心愿”认领等项目，开展“妙西—青溪”特色农产品认购等活动；党建资源共享层面，围绕党员教育管理、村（社）头雁队伍培育等开展座谈交流，分享相关经验举措，建强基层红色堡垒；干部人才共育层面，合作期间每年选派2~3名镇干部、1~2名村（社）干部赴两地跟班学习，定期开设镇、村（社）干部论坛；产业发展共带层面，通过职工疗修养基地引育、新媒体平台等多渠道推介两地旅游资源，以青溪镇落衣沟村共建共管中心、妙西镇谷堆乡创党建示范点为依托，围绕菌菇、木耳、蜂蜜、茶叶等东西部扶贫协作产品等开展现场展示、电商推介、直播带货等活动。在此过程中，两地基层党建、基层治理、生态旅游、强村富民等方面的能力水平得到全面提升，推动形成了优势互补、资源共享、互促互进的党建共建新格局。

在推动乡镇结对的同时，浙江、广元双方也在推动并深化村村结对。例如，广元市朝天区的高山贫困村罗圈岩村与台州市路桥区方林村进行结对，双方围绕产业发展、贫困户结对帮扶等方面开展协作。产业发展方面，方林村大力支持罗圈岩村发展火龙果产业以及乡村旅游，采用以购代扶的方式帮助罗圈岩村销售农特产品。同时，支持罗圈岩村的贫困户以及劳动力去方林村所在的路桥区二手车交易市场就业，学习技术。此外，大力动员方林村企业家对罗圈岩村贫困户开展结对帮扶，广泛开展赠送猪仔、资助贫困大学生等帮扶活动。

二是大力推动村企、村户结对，实现互利共赢同发展。村企、村户结对是浙江—广元扶贫协作实现长效减贫与协同发展的重要机制。当前，浙江、广元双方大力推进村企、村户结对，积极引导市场主体参与脱贫振兴。村企结对层面，着力于通过村企结对激活贫困村产业发展的内生动力。例如，台州重庆商会携手重庆商会在苍溪县9个乡镇、89个贫困村发展5500亩辣椒种植基地，建立了专业合作社，参与“联姻”贫困农户2300多户，为贫困户年均增收1000元以上。广元市苍溪县河地乡玉宝村32户贫困户通过台州市三门重庆商会、三门电信分公司牵手，建起了辣椒、雪梨东西部扶贫协作产业园，2019年实现户均年增收1000元以上。台州市三门县创新帮扶方式，将“输血式”扶贫转变为“造血式”扶贫，帮扶石灶乡石人村在海拔900多米的“石人寨”建设乡村旅游和康养项目，已成为春看樱花、夏季避暑、秋赏红叶、冬观雪景的旅游景区，进而带动石人村群众脱贫致富奔小康的致富项目。

企户结对层面，着力于通过企业带动、构建紧密利益联结帮助贫困户长效脱贫。例如，在台州市三门县援苍干部和相关部门的推动下，引进浙江拾全社企业以种苗和技术入股，与广元市苍溪县业主大户合作，共同培育种植基地、共同建立销售平台、共同保价收购，采用“公司＋基地＋农户”的模式，切实强化同贫困户的利益反哺。由公司向贫困户统一提供种苗、统一技术指导、统一收购来提高抗风险能力，通过流转土地、务工、签订回购协议等方式，与贫困户建立稳定可靠的利益联结机制。截至2020年6月，已在苍溪东青镇玉京、高峰等贫困村种植杭白菊1000亩，成功联姻贫困户80户247人，户年均增收2000元以上。在广元市剑阁县的“万企帮万村”行动中，浙江省帮扶企业充分结合自身实际，组织召开帮扶企业与帮扶村的对接会，坚持问需于村，做到贫困村、贫困户最需要什么，企业就力争帮什么，实现精准帮扶、高效帮扶。在此过程中，突出产业优先，在已实施的企业帮扶项目中，大约82%的项目用于产业发展，包括新建种养业、支持大户和贫困户发展种养业、巩固提升现有农业产业园区等，项目个数及资金均占总数的80%以上，有效带动了贫困人口脱贫增收。

三是大力推动学校结对共谋教育发展。学校结对是东西部扶贫协作的重要构成，是阻断贫困代际传递、实现长效减贫的重要机制。浙江—广元扶贫协作开展以来，广元市共有101所学校开展了学校结对，每所学校均开展结对帮扶活动至少1次，举行了校长培训班、专题讲座、名师示范课等活动，成效明显。基础教育层面，浙江—广元学校的结对促进了广元市结对中小学在办学理念、学校管理、教师培训、教学方法、学生活动等方面获得提升。例如，广元市朝天区与台州市路桥区紧密合作，强化学校结对，推动朝天区中小学校充分利用路桥区教育人才资源建立“同步课堂”，探索构建跨区域“四同”（同步德育、同步教学、同步教研、同步活动）教学模式。合作期间，路桥区组建网络名师工作室5个，吸纳朝天区80余名优秀骨干教师加入，每月在线开展学科网络研修，为朝天区教师专业成长开辟捷径。同时，开展“组团式”支教。成立“路桥区援朝星火名师工作室”，开展“组团式”教育帮扶暨路桥援朝星火名师工作室百场送教下乡活动，为朝天区中小学提供菜单式、针对性和个性化教学服务。

广元窑成品展示架（丽水）

职业教育层面，浙江、广元双方将职业技能培训作为推动“输血”与“造血”、“扶贫”与“扶智”深度融合的重要抓手。例如，浙江省丽水市龙泉区充分发挥帮扶学校青瓷专业办学优势和特长，积极引导贫困生选学龙泉中等职业学校青瓷专业，组建昭化籍青瓷班，系统学习青瓷制作技艺，让学生掌握一门实用长效的致富技术。同时，结合龙泉青瓷产业优势条件，组织筹备推荐学生在龙泉青瓷行业就业，实现当地就读、当地就业，带动贫困家庭脱贫致富。苍溪、三门两地党委政府以职业教育为突破口，借助台州市三门县技师学院与苍溪县职业高级中学的学校合作平台组建全省首个定向培养——“苍溪机电班”，探索“2+1”双向双班教育扶贫模式。2018年12月，在全国推进川甘青交界地区教育发展调研座谈会上“苍溪机电班”作为典型进行了经验交流发言。

四是大力推动医院结对惠民生。浙江—广元扶贫协作中，医院结对以加强县级医院能力建设为重点，紧紧抓住县域内医疗服务能力建设的薄弱环节，针对当地的疾病谱，通过医院对医院、科室对科室、团队对团队“派出去、请进来”等方式，提升结对医院医疗服务能力。例如，广元市苍溪县与台州市三门县认真贯彻落实习近平总书记“没有全民健康，就没有全面小康”重要讲话精神，紧盯基础医疗设施薄弱、医疗人才短缺等突出问题，通过资金投入、技术支持、信息共享等方式开辟健康扶贫协作新路。首先，投入帮扶资金1200万元，建成“一楼一网一专业队伍一CT机”[①]，构建起全域全程“健康防线”。其次，建档立卡贫困患者CT、DR摄片和彩超费用下浮20%，住院床位费下浮30%，有效降低了贫困群众的医疗负担。再次，投入帮扶资金500万元，建设区域影像诊断网络中心、心电中心、远程视频会诊系统，连接全县17个乡镇卫生院和53个山村卫生室，让“电脑大夫”进了山村，让山区群众不出镇就可以享受到县级医疗专家会诊等医疗服务，有效解决“看病远”“看病难”等突出问题。又次，三门县人民医院与苍溪县人民医院签订了肝胆外科、消化内科、放射科3个专科联盟，围绕专科联盟建设、重点学科建设等多个领域，开通远程影像诊断平台等具体措施，建成康复科、肿瘤科3个省级重点专科，泌尿外科、中西医结合肾病科等10个市级重点专科。最后，实施“交流互访”计划，建立完善的常态化沟通协调机制，促进两地观念互通、技术互学、作风互鉴。一方面，实施“挂职锻炼”计划，三门县选派15名卫计业务干部到苍溪县挂职，苍溪县选派17名医疗专业技术人员赴三门县挂职锻炼。另一方面，实施“充电提能”计划，苍溪组织36名医疗专业技术人才赴浙江参加分层分类培训班，邀请浙江省人民医院、三门县人民医院专家团队到苍溪县举办专题讲座30余期，培训医疗人才2000余人次。

① “一楼一网一专业队伍一CT机”，即龙山镇中心卫生院浙江援建住院楼、区域医疗系统信息化系统网、“三门·苍溪”医疗专业技术人才队伍、浙江明峰医疗集团捐赠龙山镇中心卫生院价值300万元的32层螺旋CT机一台。

五是广泛动员社会力量，积极协调和推动浙江帮扶市、县（区）的共青团、残联、红十字会、慈善总会等群团组织以及民营企业等社会力量参与扶贫协作，共同举行残联系统扶贫协作推进会，助力贫困残疾人等特殊困难群体脱贫。同时，引导浙江帮扶市、县（区）的社会各界爱心人士开展定向援助、捐资助学、慈善公益医疗救助、支医支教、以购代帮等多种形式、多领域的扶贫活动，累计捐款捐物近1亿元。

案例

苍溪县借力浙江—广元扶贫协作助力残疾人稳定脱贫

近年来，苍溪县积极深化与台州市三门县扶贫协作，坚持把贫困残疾人脱贫作为重中之重，针对残疾人贫困发生率高达24.29%的实际情况，从志智双扶、产业就业、民生保障三个方面，精准细化帮扶措施，有力助推贫困残疾人稳定脱贫、长效解困、增收致富。

第一，注重志智双扶，让贫困残疾人有志想创业、有智能创业。一是坚持扶贫先扶志，志智要双扶，创新实施“双自立”工程，突出思维革命、观念革新、陋习革除，引导贫困残疾人思想自立、行动自立。例如，深入开展文化进乡村、典型进园区、教育进农户的“三进”活动，先后开展励志教育220余场次，宣树身残志坚典型38人，充分激发贫困残疾人脱贫致富的动力和潜能。二是树立“授人以鱼不如授人以渔”理念，摸清贫困残疾人就业意愿、技能需求，围绕产业发展、手工制作、电商培育等重点，先后举办培训班36期，累计实现就业5628人。搭乘东西部扶贫协作“直通车”，建立部门联合、镇村联动机制，借助三门帮扶优势，为残疾群众量身定制创业就业规划。三是制订《苍溪县惠残助残五年行动方案》，持续加大“普惠＋特惠”力度，不断提升残疾人就业创业能力。利用三门县援助资金，大力实施残疾人辅助性就业项目，建成残疾人社区康复服务中心。广泛开展“残疾人双创示范基地”“残疾人双创示范机构”创建，成功创建冯明武自强农场等示范主体13个，累计发放残疾人创业奖补资金47万元，营造了残疾群众想创业、能创业、创成业的良好环境。

第二，着力产业就业，让贫困残疾人出门进工厂、回家建产业。一是推行“县建特色规模园＋村建示范带动园＋户建自强增收园”模式，围绕红心猕猴桃、中药材、健康养殖和苍溪梨“3+1”特色农业，同步推进规模园区和生态庭院建设，3265户贫困残疾群众户均建有1~3亩不等的种养园。目前，全县累计建成“自强农场”2100余个，发展特色产业1.13万亩，5300余名贫困残疾人实现人均增收4800元以上。二是通过政企搭台、校企联姻，落实岗位预留、定向招录、双向培养等政策，对在三门务工的苍溪籍残疾群众给予每月2000元稳岗补助，14名残疾学生参加“苍溪机电班”“成蝶订单班”，17名残疾人到三门就业创业。出台扶贫车间优惠政策，对认定成功的扶贫车间给予5万元的一次性奖补。对到扶贫车间稳定就业6个月以上的贫困残疾人给予每人300元/月的稳岗补贴。目前，已建成扶贫车间7个，78名贫困残疾人实现了就地就近就业。三是深度挖掘苍溪特色文化，着力开发新型文创产品、培育特色饮食品牌、开办网络特色小店。例如，陵江镇下肢截瘫残疾人花福才自学刺绣，其作品单幅售价高达5万元。四川省非物质文化遗产苍溪唤马剪纸艺术直接带动23名残疾人就业创业。迄今，全县残疾人开办网络特色作坊65家，2019年成交额达680万元。

第三，做实民生保障，让贫困残疾人脱贫不返贫、发展有后劲。一是健全“部门联挂帮扶村、干部结亲贫困户”机制，深入开展“联百村进千户帮万人”活动，大力号召社会力量参与支持助残惠残工作，全力做好贫困残疾群众康复医疗、教育培训、扶贫保障等全方位服务。二是统筹整合涉残项目，精准实施助残惠残项目18个，实施家庭出行无障碍改造451户，免费发放贫困残疾人适配器具1650件。创新“需求预约、入户受理”的“一对一”服务机制，为工业园区就业残疾人开通“爱心小巴”，在园区无障碍改造11处，切实解决了残疾群众出行难、办事难等问题。三是制订《苍溪县助残惠残十大行动方案》，大力实施特困群体政策性低保兜底、残疾儿童抢救性康复服务、白内障复明手术，精准发放扶贫对象生活补贴、重度残疾护理补贴，累计使用惠残资金3000余万元，做到重点对象全覆盖、项目实施全覆盖，切实解决贫困残疾群众生活之困。

（三）创新组织运行机制践行深度协作

在浙江—广元扶贫协作中，浙江、广元双方积极探索创新组织运行机制，集中体现为共建深度参与的工作机制、构建情感共融的协作氛围以及深化互利共赢的协作基础。借助组织运行机制的创新，宽领域、全方位的浙江—广元扶贫协作得以有序推进并实现脱贫奔小康、协同发展的预期目标。

1. 创新工作机制：共建深度参与的工作机制

在浙江—广元扶贫协作的推进过程中，浙江省及湖州市、台州市、丽水市的“输血”转化为广元的“造血”，依赖于在东西部扶贫协作的组织体系中共建深度参与的工作机制，以此推动广元市在协作中有效整合并利用资源、人才、资金、技术等方面的要素，进而实现内源性发展能力的提升。具言之，浙江、广元双方共建了深度嵌入与参与的工作机制，进而实现“注入式”精准落实项目资金、“输血式”发展优质特色农业、“裂变式”携手共建工业园区以及全领域决战决胜脱贫攻坚，助力激发广元脱贫发展的内生动力。

浙江—广元扶贫协作中，共建深度参与的工作机制体现为以下几个层面。

首先，组织领导层面，广元大力支持浙江帮扶市、县（区）来广元挂职干部开展工作，给予科学分工、充分授权、大胆使用，使其有足够的权责协调各方、推进工作，有效规避“空挂”“虚挂”现象的出现。广元市的充分信任与赋权大大激发了浙江来广元挂职干部的工作积极性，大家充分

广元市召开浙江来广挂职干部工作座谈会

发挥浙江优势并结合广元实际，真情实意、真金白银、真抓实干，高质量做好东西部扶贫协作工作，交出了漂亮的成绩单。例如，浙江援川广元片区干部林强、朱德宇、滕新生、雷成、张文斌、廖旭青、林涛等挂职干部，视广元为第二故乡，走村入户问冷暖、深入田间抓扶贫，展示出浙江干部“勇立潮头方显担当”的时代风采。

把情怀撒向了广元的土地

——浙江四川东西部扶贫协作广元片区工作组组长林强同志先进事迹

2018 年 4 月，浙江省委选派 99 名干部，成立浙江赴四川东西部扶贫协作工作组，参加打赢脱贫攻坚战三年行动计划，林强是这批援川干部中的一员。挂职扶贫前，他是台州市交投集团的董事长，享受着国企“一把手”的高薪待遇。组织决定派他到广元挂职扶贫，意味着他将离开董事长的岗位，离开家乡和亲人到最艰苦的扶贫一线去工作。接到组织通知，他二话没说，坚决服从安排。2018 年 4 月 26 日，林强启程奔赴广元，他在机场特意拿出早已准备好的党徽，佩戴在胸前，然后为同行的浙江赴广元东西部扶贫协作工作组的首批 13 名党员干部一一戴上党徽，立下了“不破楼兰终不还”的铮铮誓言。到广元后，林强发扬“浙江铁军精神”，第一时间下基层全面开展调查研究，一刻不停歇、一刻不懈怠，带领广元片区 105 名援川挂职干部和专业技术人才，不怕山高，不怕路远，在田间地头，在工厂车间，在贫困户家里，都留下了他深深浅浅的脚印。针对贫困现状，他提出“发展产业脱贫一批、转移就业解决一批、共建园区吸纳一批、结对帮扶助推一批”的工作思路，配合广元市党委政府出台《浙广东西部扶贫协作三年行动实施方案（2018—2020年）》《广元市东西部扶贫协作工作要点》等文件，开出“工作事项＋责任人＋完成时限”三张清单，分解任务，落实责任，提出刚性要求，为圆满完成东西部扶贫协作各项工作明确了方向，提供了工作遵循。

入川以来，他将热血洒在广元广袤的大地上，却遗憾没有见到岳父最后一面，也错过了孩子许多的成长瞬间，更是很少有陪伴家人的时间。但是，正是由于他以及广大援广干部怀着对党和人民的无限忠诚，在脱贫攻坚的奋斗征程中付出巨大努力，广元才取得了较大的发展。迄今，浙江—广元扶贫协作已经取得累累硕果，具体表现为：一是广元农业发展从低效走向高效，农业发展“十千百万工程”建设已经超过规划和预期，落实到位资金逾10亿元，建成黄桃、猕猴桃、道地中药材、核桃、高山蔬菜等万亩基地10个，藤椒、黑木耳、火龙果、杨梅、白沙枇杷等千亩农业园区100个，总面积达45万亩，带动建档立卡贫困户10.07万人增收。二是工业发展从低迷走向繁荣，“6+1”工业园区建设已初见雏形，建成的工业园区总面积1.6万亩，启动建设首批厂房5.8万平方米，引导美裕铝型材项目、娃哈哈启力饮料基地、西奥电梯等112家企业落户广元，完成实际投资129.54亿元。三是务工从波动走向稳定，全面构建劳务协作“大平台”，组织广元富余劳动力到东部和省外其他地区就业9120人，举办就业培训441期培训13067人次，累计实现7296名贫困人口就近就地就业。

岁月无声，人亦有情，广元早已经成为林强的第二故乡，他将对远方家人的思念转化为对贫困群众帮扶的情怀，始终遵循“不破楼兰终不还”的誓言，继续以滴水穿石的韧劲和毅力，用心用力用情坚决啃下硬骨头，坚决打赢脱贫攻坚战。

其次，部门协作层面，按照所需、所能选派挂职干部和技术骨干。例如，在仙居—旺苍扶贫协作中，援广元干部滕新生在台州市仙居县分管农林水，对产业扶贫有丰富的经验，他在大量的调查研究基础上大胆向旺苍县党政主要领导建议旺苍茶叶必须采用高低端齐头并进的发展思路，并安排仙居县茶叶大王戴清朋入川，亲身讲授如何让仙居绿茶从精品走向大众并占领大西北市场的故事，使当地干部群众心服口服改变策略。仙居县福应街道林业局科员应良琴，人称“梅将军”，现为旺苍县杨梅种植指导的农业技术专家。应良琴种了30多年杨梅，杨梅怎么种得好，他门儿清。每到杨梅最佳种植期，他就抛下自家上百亩杨梅，跑到旺苍县待两个月，手把手教当地农户种杨梅。仙居县畜牧兽医局副局长陈卫国，现为旺苍县仙居鸡养殖指导专家，牵线2万羽仙居鸡入川。

2. 强化情感连带：构建情感共融的协作氛围

浙江—广元扶贫协作有着深厚的感情基础。1996年11月18日，在时任浙江省委书记李泽民同志的积极推动下，浙江党政代表团首访广元，开启浙江对口帮扶广元的壮丽征程。自此以来，浙江人民跨越千山万水，与广元结下了血浓于水的手足之情。2002年10月到2007年3月，时任浙江省委书记的习近平同志在长达5年多的时间里，始终牵挂着广元的扶贫与发展。2002年，习近平同志到浙江省工作不久，就于12月15日给广元来信，他在信中指出：“对口帮扶是党中央、国务院按照邓小平同志关于‘两个大局’思想，逐步实现共同富裕的伟大构想，根据我国经济社会发展的客观需要，作出的一项重大决策，是‘三个代表’思想的具体实践和生动体现。”习近平同志于2004年5月16日率领浙江省党政代表团来广元考察调研。2007年，习近平同志刚到上海担任市委书记时，再次致信广元市委、市政府，深情表示“我始终牵挂着广元的发展和进步”，让广元310万人民无不动容。

浙广之间的感情基础在汶川地震之后得到深化。2008年，“5·12”汶川特大地震使青川遭受重创。按照中央“一省帮一重灾县”的对口支援政策，浙江省委、省政府以高度的政治责任感，积极响应党中央重大决策，全力以赴对口支援广元市青川县灾后重建。震后不到两个月，浙江省援建指挥部就在青川县挂牌成立，39个援建指挥部全部启动，327名援建干部全部到位，上万人的援建大军全面进驻青川县。广大援建者发扬“不怕苦、不怕累、不怕难、不怕险”的优良作风，践行“晴天抢着干、雨天巧着干、晚上挑灯干、双休日加班干、合理安排科学干”的实干承诺，不畏艰难，完成了“三年灾后重建，两年基本完成”的繁重任务。2008年至2011年，在对口援建的短短两年多的时间里，浙广双方高度重视民生援建、产业援建、智力援建和基础设施援建，完成投资86.2亿元，建成援建项目547个，疮痍满目的青川县面貌焕然一新，焕发出勃勃生机和活力，创造了灾后重建与对口援建史上的奇迹，也留下了一段段动人佳话，涌现了一批批动人事迹。浙江援建队伍甘于奉献，把心血智慧倾注在广元，倾注在青川的绿水青山，把真心真情奉献给广元，奉献给青川的父老兄弟。这种真情和无私奉献感动着广元人民，深深触动和激扬了广元人民的心灵。重建结束后，浙江省接续启动实施十年长效帮扶计划，继续关心、支持灾区发展振兴，继续书写着浙广之间的深情厚谊。

案例

一棵种在丽水的感恩树

2008年汶川特大地震之后，丽水市负责对口援建青川县石坝乡。从那个时候起，丽水和广元两地的感情得到了进一步的加深，双方人民群众心与心的距离在进一步地拉近。时至今日，在丽水市的新闻中心的广场上，茁壮成长着一棵银杏树，这棵银杏树也被称为感恩树，长势非常好。当年，石坝乡的老百姓千里迢迢把这棵感恩树从石坝乡运送到了丽水。在这棵树下有一个石碑，石碑上刻着这样一段文字：

“瓯江红石，潺潺之水，长流淌，丽水石坝友谊之心，永相连。戊子夏，巴蜀震荡，青川石坝家园重建，浙江丽水倾情驰援，托4000父老真情，采故乡银杏，辗转万刻，以碑为答谢，丽水情深。”

这棵银杏树，包括这段碑文，是两地人民兄弟般的情谊最真实的一种表达，也是最厚重的一种见证，见证了这一段特殊历史的交往，见证两地人民团结奋进、众志成城，见证了两地兄弟般的情深。

新一轮浙江—广元扶贫协作实施以来，浙江和广元继续紧密地联系在一起，双方之间的感情基础得到进一步深化。一方面，广元市采取改善居住环境、安装生活设施、保障后勤服务等多样化举措，尽可能地为浙江来广元挂职干部和交流人才解决后顾之忧。同时，广元当地干部也会在生活中给予他们更多的关心，努力营造一种“家”的氛围，增强挂职干部和交流人才的融入感和归属感。另一方面，林强、朱德宇、滕新生、雷成、张文斌、廖旭青、林涛等挂职干部，走村入户问冷暖、深入田间抓扶贫，在日积月累的扶贫协作实践中视广元为第二故乡，积累了对广元的深厚情感。除此之外，浙广的广大群众之间也涌动着深情厚谊。

案例

一片感恩叶　承载深厚情

——浙江—广元扶贫协作的“白茶帮扶样本”

2018 年 4 月，浙江省安吉县黄杜村 20 名农民党员给习近平总书记写信，汇报村里种植白茶致富的情况，并提出愿意捐赠 1500 万株茶苗帮助贫困地区群众脱贫。习近平总书记作出重要指示，肯定他们的做法，强调增强饮水思源、不忘党恩的意识，弘扬为党分忧、先富帮后富的精神，对于打赢脱贫攻坚战很有意义。同

浙川共建“白叶一号”茶叶产业基地

年10月，在习近平总书记的关心下，首批“白叶一号”扶贫茶苗从浙江安吉经过长途跋涉运送至四川青川县。在浙江专家的帮助指导下，“白叶一号”在青川试种成功。

为了不辜负“白叶一号”所承载的深情厚谊，青川的白茶种植突出民生优先，发挥最大效益助推群众致富增收，在茶苗分配、利益联结、感恩教育上下功夫，努力把习近平总书记高度关注的民生好事办实，把浙川人民共同关切的民生实事办好，把白茶培育成助推群众脱贫的致富茶。一是建立精准分配机制。综合考虑贫困程度、劳动力、发展意愿等多方面因素，制订《青川县安吉白茶苗到村到户工作规划》，将捐赠茶苗定向精准分配给最需要、最适合栽植的贫困户。探索推行“飞地扶贫”模式，通过委托代管、折资分红等形式带动种植基地外的贫困户参与，让6个乡镇、1817名贫困人口共享白茶红利，有效解决贫困户想种白茶而自己没有合适地块的问题。二是建立“五金”增收机制。通过“基地+公司+村集体+贫困户”的方式，健全完善利益联结机制，让贫困户流转土地收租金、就地务工挣薪金、茶苗折资作股金、委托经营拿酬金、集体收益分现金，共享白茶红利。项目投产后，年利润可达750余万元，带动户均年增收4800余元。三是建立感恩教育机制。坚持把感恩教育作为精神文明建设的重要内容，借助“白叶一号”落户青川契机，全面推行以“十个好”定期评比、“十颗星”量化积分、“两公示”积分晾晒为主要内容的家庭道德积分激励机制，将概念性的知恩感恩、勤劳致富等传统美德通过积分的方式进行量化评比，引导广大群众“积小善为大善，积小德为大德”，形成了自立自强、感恩奋进的良好社会风尚。

3. 构建长效机制：深化互利共赢的协作基础

经过20多年的探索与实践，浙江—广元扶贫协作已经逐步构建了互利共赢基础之上的长效协作机制，充分体现了习近平总书记所强调的“东西部扶贫协作和对口支援，是推动区域协调发展、协同发展、共同发展的大战略，是加强区域合作、优化产业布局、拓展对内对外开放新空间的大布局，是实现先富帮后富、最终实现共同富裕目标的大举措”。具言之，实践表明，浙江—广元扶贫协作不是单一的、单向的帮助扶贫形式，而是一种互利互惠、合作共赢的扶贫形式，互利双赢是浙江—广元扶贫协作得以不断深化的基本原则和实践基础。当前阶段，我国处于新发展阶段，对持续深化东西部协作提出了更高的要求。党的十九届五中全会指出，我国发展仍然处于重要战略机遇期，但机遇和挑战都有新的发展变化。特别是我国发展不平衡不充分问题仍然突出，重点领域关键环节改革任务仍然艰巨，创新能力不适应高质量发展要求，农业基础还不稳固，城乡区域发展和收入分配差距较大，生态环保任重道远，民生保障存在短板，社会治理还有弱项。持续深化浙广东西部协作，不仅能够促进浙江和广元双方积极嵌入国内大循环为主体、国内国际双循环相互促进的新发展格局构建，同时也有助于满足双方在社会、文化等诸多领域存在广泛的协作需求。

当前，浙江—广元扶贫协作20多年的实践，推动浙广双方组织层面逐渐建立与夯实长效协作机制，从而满足浙广双方深化区域协作的需求。具言之，干部人才培养方面，人才合作、广泛交流是浙江—广元扶贫协作的重要着力点，亦是长效机制构建的重要基石。在既有东西部扶贫协作实践中，由于东部与西部之间发展水平与治理环境差异较大，浙广双方全面性地加强干部人才交流与合作，有效地促进了观念互通、思路互动、技术互学、作风互鉴，取得了较为明显的成效，这为进一步深化协作奠定了基础。例如，新一轮浙江—广元扶贫协作期间，广元市分批次选派779名乡科级干部、村干部（第一书记）和农村致富带头人赴浙江省帮扶市、县（区）结对地开展跟班学习，蹲点考察学习基层党建、集体经济、美丽乡村建设、产业发展、农村电商等内容，推动基层干部不仅能够提升贫困治理能力，更能够积极应对未来乡村振兴中可能遭遇的新挑战。合作体系的建设层面，浙广经济、社会领域的全方位、宽领域协作在一定程度上为进一步深化协作奠定了基础。例如，村企协作并不仅仅构建了产业发展中互利共赢的利益联结机制，还伴生有“送爱心”“送温暖”中衍生的情感基础，这是长效协作机制得以构建的润滑剂。综言之，当前浙江—广元扶贫协作的互利共赢具有领导组织和合作体系层面的组织基础，从领导组织和合作体系层面构建与深化长效协作机制，是未来进一步发展浙广协作的基石。

二、人才交流与能力提升　夯实东西部扶贫协作智力支撑

东西部扶贫协作是推动区域发展、协同发展、共同发展的大战略，是加强区域合作、优化产业布局、拓展对内对外开放新空间的大布局，是打赢脱贫攻坚战、实现先富帮后富、最终实现共同富裕目标的大举措。从长远看，东西部扶贫协作要为贫困地区自我发展创造条件，激发和培育贫困地区发展的内生动力，形成持续反贫困和促进发展的有效机制。为实现上述目标，东西部扶贫协作需要注重发挥东部地区的智力资源，坚持互派干部等好经验、好做法，把东部地区先进的理念、经验等传播到西部贫困地区，通过做好干部群众的宣传、教育、培训等工作，促进观念互通、作风互鉴，不断提升贫困地区群众的综合素质，引导他们自力更生、艰苦奋斗。同时，西部地区也要不断探索创新方式方法，精准对接贫困群众发展需求，扩大贫困群众参与，将外部资源更好地用之于民，并有效转化为扶贫效益，逐

步提高贫困地区自我发展和自主脱贫能力。在浙江—广元扶贫协作中，浙广双方积极构建多层次的人才交流以及劳务合作平台，采用多样化方式提升干部群众的发展能力，夯实了东西部扶贫协作的智力支撑，进而推动东西部扶贫协作持续发力。

（一）干部交流推动治理能力提升

改革开放之后，中国逐渐成为一种“新的社会主义发展型国家”，政府在不断深化改革中深度性地对经济与社会发展进行引领与平衡，推动中国经济社会发展取得了举世瞩目的成就。特别是精准扶贫实施以来，中国共产党领导形成的国家治理体制呈现为一种“积极国家”，即依靠“集中力量办大事”的党政体制精准性地在社会政策、基础设施建设及生产环节等反贫困环节进行发展干预，有效地将经济增长的红利高效转化为脱贫成就。在“积极国家”的构建中，干部群体是贫困治理的主体，其知识结构的合理与否、治理能力的匹配与否直接关乎能否打赢脱贫攻坚战。特别是在贫困地区，无论是贫困人口、贫困发生率的大幅下降，还是区域性整体贫困基本得到解决、贫困群众收入水平大幅度提高，或者是贫困地区基本生产生活条件明显改善与贫困地区经济社会发展明显加快等，都与广大干部的贫困治理能力和治理水平有关。浙江—广元扶贫协作中，浙江、广元双方高度重视人才交流工作，始终坚持把人才交流作为优化领导班子结构、激发干部队伍活力的有力举措，采取“请进来、走出去”的方式，大力开展干部人才互派挂职、干部人才培训提能、基层干部人才跟班学习活动，稳步有序地推进干部交流工作。

1. 建立交流机制：深化干部人才交流合作

干部人才交流是东西部扶贫协作的重要构成。中共中央办公厅、国务院办公厅印发的《关于进一步加强东西部扶贫协作工作的指导意见》中明确提出要加强人才支援，要求“帮扶双方要选派优秀干部挂职，广泛开展人才交流，促进观念互通、思路互动、技术互学、作风互鉴”。新一轮东西部扶贫协作实施以来，浙广双方高度重视干部人才交流工作，始终把干部人才交流作为提升智力支撑的重要途径来抓，广元市与台州市、湖州市、丽水市建立干部人才交流合作联席会议制度，签订《干部人才交流合作协议》，制定《东西协作挂职交流干部人才管理办法》《2018—2020年广元市浙广扶贫协作干部人才交流培养合作计划实施方案》，广泛开展干部人才挂职锻炼、培训交流，有效促进两地干部人才观念互通、思路互动、技术互学、作风互鉴。具言之，广元树立全市“一盘棋”思想，整合和倾斜各方面资源，分层分类分领域开展干部人才培养培训和交流合作，探索市级、县（区）、乡镇、行政村之间干部人才交流合作新模式。进一步而言，东西部扶贫协作干部人才交流合作主要通过干部人才互派挂职、干部人才培训提能、科技人才交流合作以及基层干部人才跟班学习来推进。

其一，干部人才互派挂职方面，按照干部人才成长规律，结合广元市及浙江省帮扶市、县（区）特色优势产业、行业发展情况，充分发挥双方的比较优势，共同推动工业经济、脱贫攻坚、科技文化、教育卫生、生态旅游、社会管理、企业管理等方面干部人才的全面合作与交流，每年互派行政、经济、科技及企业管理等领域干部人才进行挂职锻炼。同时，认真落实省、市加强挂职干部人才管理的政策要求，强化对挂职干部的日常管理。一方面，对来广元挂职的干部人才研究制定日常管理制度，有关情况及时与派出单位沟通。另一方面，对派往浙江的干部人才，严格实行工作季报制度，落实专人加强跟踪了解和管理，创新提出“五个一”任务要求，挂职期间须记录一本挂职日记、形成一份挂职总结、讲授一堂挂职心得体会课、撰写一篇调研报告、带回一项先进成果（经验、技术、项目等），促进干部人才真挂实学。此外，建立双向保障制度。积极为浙江挂职干部兑现艰边津贴等，浙江省各地为广元挂职干部人才发放生活补助、提供住房补助，加强对挂职干部人才的关心关爱。在2018—2020年期间，广元市共选派64名党政干部、238名专业技术人才到浙江挂职锻炼，浙江省帮扶市、县（区）选派14名党政干部、259名专业技术人才到广元挂职指导扶贫协作工作。

其二，干部人才培训提能方面，围绕“项目投资、产业发展、乡村振兴”经济建设三大主战场，不断提升干部专业化能力，坚持“走出去＋请进来”，组织党政干部、专业技术人才、企业管理者等赴浙江省分层分类举办的各类干部人才培训班，邀请浙江知名专家学者来广元授课。与此同时，坚持实效导向，聚焦重点行业、重点领域和重点群体，针对性设计培训项目、确定培训对象、选择培训内容，避免“大而全面、笼而统之”，确保取得实效。培训数量上，根据实际合理安排，按需培训、量力而行。培训内容上，坚持与脱贫攻坚领域培训统筹，围绕干部思维观念、能力弱项、业务短板等开展培训，体现实用性、实效性。培训形式上，采取“走出去＋请进来”方式，既组织干部尤其是关键岗位干部走出去学，也邀请浙江专家到广元现场授课、“把脉问诊”。

其三，科技人才交流合作方面，围绕广元市的人才开发需求，积极与浙江省高校、科研院所对接，建立校地、院地合作机制，加大科研项目、产品研发、技术创新等方面的技术合作，引进急需紧缺专业人才，为广元经济社会发展提供强大智力支撑。在推进科技人才交流的过程中，强化组织部门与科技部门的统筹联动，紧扣“三个一、三个三”兴广战略来梳理罗列科技人才交流、科技项目合作需求清单，把科技人才交流与科技项目合作统筹，做到同步谋划、同步推进、同步落实。在2018—2020年期间，广元市共举办党政、教育、卫生、农技等各类培训班271期、培训干部人才3.6万余人次，邀请浙江省相关专家90人次到广元市、县（区）读书班、教育讲坛等开展专题讲座。同时，浙广双方共建创新平台，即围绕广元市的特色优势产业，充分利用浙江高校和科研院所优势资源，加快工程技术中心、重点实验室、院士（专家）工作站、产业技术研究院等协同创新平台建设，推动先进技术、科技成果在广元落地转化。例如，广元市青川县与浙江湖州市旅发委合作，邀请干永福及其团队成立浙江院士（专家）工作站，专项指导青川全域旅游示范县和生态康养旅游名县创建工作。广元市昭化区柔性聘请汪自强等10名专家为“首席顾问”，在食用菌栽培、中国西部绿色家居产业城建设等方面开展指导，取得明显成效。

其四，基层干部人才跟班学习层面，以提升基层干部综合能力为着力点，分批次组织乡科级干部、村干部、村级后备干部（含贫困村创业致富带头人）等赴浙江省帮扶市、县（区）基层组织运行好、脱贫攻坚推进好、产业发展实施好、新风文明培育好的乡（镇）、村（社区）开展为期1~2周的跟班学习。采取实地体验式教学方式，重点学习农村基层党建、集体经

龙泉扶贫菌师到昭化区开展技术指导

济发展、美丽乡村建设、乡村治理、产业发展、乡村旅游、农产品营销、农村电商等内容。

案例

苍溪县精准开展基层干部跟班学习助力脱贫攻坚

广元市苍溪县认真贯彻落实习近平总书记关于扶贫工作的重要论述，抢抓东西部扶贫协作三门县对口帮扶契机，借势借力精准扎实开展基层干部跟班学习，将其作为乡村基层干部开阔眼界、拓展思维、提升能力的重要实践平台，为决胜脱贫攻坚、促进乡村振兴提供坚强的人才保证。

首先，搭好一个平台，精准实施。苍溪县与三门县委组织部签订培育协议，创新实施“百名优秀基层干部跟班培育计划”，着力培育一批政治坚定有立场、带领队伍有办法、干事创业有业绩、服务群众有感情、干净公正有口碑的优秀基层干部队伍。从900余名乡科级领导干部中择优选派90名，从1900余名村（社区）党组织书记、村级后备力量和农村致富带头人中择优选派240名赴三门县跟班学习。三门县每期确定10个乡镇20个村，每个乡镇落实3名、每村落实1名业务能力强、工作经验丰富的干部开展一对一带学。

其次，建立一套体系，精准借智。采取分组跟班、实地体验、专题授课、研讨交流、规划总结的做法，推行“集中学习＋跟班学习＋拓展学习＋总结提升”的学习方式，实现岗对岗促学、一对一帮带、点对点落实。苍溪县与三门县创新建立跟班学习结对联姻机制，帮带干部和跟学干部采取每月通一次电话、相互提供一条信息、分享一则工作经验、协助解决一个困难等方式，建立起长期牢固的帮扶链条，切实解决短期跟班学习成效不足的问题。建立贫困村党组织书记任职村与三门县跟班学习村互联互带机制，围绕脱贫产业发展开展“一园一业、一村一品”建设帮带行动，推动发展壮大村级集体经济，引领带动脱贫奔小康致富。

最后，确定一个目标，精准见效。围绕打造乡村振兴示范乡镇目标，对接三门县每期确定产业发展、项目实施、城乡规划、新村建设、基层治理、服务群众等15个工作岗位，择优选派对应岗位干部入位跟班，通过同步进村入户问民情解民忧，同步梳理工作思路抓发展，同步化解群众矛盾纠纷，实地开阔眼界、实岗转变作风、实战检视工作理念。按照村情相仿，产业相近原则，三门县与苍溪县商定结对蹲点学习乡镇3个，每对确定1个学习主题，采取学前定任务、学习抓督促、按月交单子、组织评质量的方式，督促干部真学实干。学成后基层乡村干部因地制宜发展村级集体经济和特色产业26项，创建品牌3个，惠及贫困人口1.2万余人，群众满意率达100%。

2. 优化治理模式：学习创新基层治理模式

完善基层治理体系、提高基层治理能力，是完善国家治理体系、提高国家治理能力的重要内容，只有把治理体系延伸到基层，把治理重点落实到基层，把治理资源下沉到基层，把治理能力体现到基层，解决好治理“最后一公里”问题，国家治理体系才会更加完善，国家治理能力才能有效提升。在全国城乡基层治理中，浙江一直担负着先行探路者的角色，涌现出“枫桥经验”、桐乡自治法治德治融合、宁海小微权力清单“36条”“最多跑一次改革”“基层治理四平台”建设等典型经验。浙江—广元扶贫协作中，广元市广泛学习浙江基层治理典型经验并因地制宜进行创新，有效地推动了广元市城乡基层治理的优化。例如，广元市致力打造国际化、法治化、市场化、便利化营商环境，持续深化“放管服”改革，在四川率先发布“马上办、网上办、就近办、一次办”事项清单。在众多的基层治理模式的借鉴与创新中，路桥区的“最多跑一次”改革最为典型。

案例

朝天区以“最多跑一次”改革提升基层治理绩效

广元市朝天区充分借鉴浙江省台州市路桥区“最多跑一次”改革的地方治理经验，以此作为突破口，深入推进行政服务体系改革，有效提高了朝天区行政办事效率，提升了广大干部的为民服务理念。截至2020年6月，朝天区公布“最多跑一次”事项1529项，占事项总数的96.1%，事项办理同比提速73%以上，群众办事满意率达98%以上。

首先，“走出去”，采他山之石以攻玉。一是实地参观拓眼界。朝天区组建由区长、副区长、相关部门组成的考察组，多次专程前往路桥区就“最多跑一次”改革工作进行考察学习顶层设计，推动项目快速落实。二是交流互鉴促提升。两地就“最多跑一次”改革中的做法和环节进行了深入探讨交流，充分了解路桥区在改革过程中“再造办事流程、下放审批权限、拓宽自助领域、细化服务举措”等方面的先进做法和成功经验，为朝天区的改革提供借鉴。三是自身参与重体验。考察组跟随办事群众体验办事过程，切身感受路桥区在推进“最多跑一次”改革后办事流程和办事效率，提升推进朝天区“最多跑一次”改革的信心和决心。

其次，“请进来”，凝聚合力联合攻坚。一是总览全局共绘蓝图。在双方协商的基础上，路桥区成立助力朝天区“最多跑一次”改革工作帮扶小组，实时跟踪指导朝天区改革工作。同时，到朝天区实地指导编撰《朝天区“最多跑一次”改革实施方案》。二是主动跟进悉心指导。路桥区帮扶小组多轮深入政务服务大厅、乡镇、村（社），实地指导便民服务中心和村级代办站的建设工作，就大厅建设和运行工作中存在的问题提出指导性意见和创造性解决方案，避免改革走弯路。三是实时指导联合攻坚。在朝天区“最多跑一次”改革5个专项工作组中都配备1名路桥区工作指导员，实时指导工作开展，掌握了解改革进度和存在的问题。针对改革中

朝天区“最多跑一次”改革

的重点和难点问题，实时研究，联合攻坚，确保改革工作顺利推进。经过双方共同努力，仅用时3个月，完成4000平方米政务服务大厅改造和“一窗受理，分类审批、综合出件、免费邮递”办事流程改造，入驻事项“最多跑一次”事项972项，办理全面提速60%以上。

最后，“重巩固”，建长效机制促协作。一是完善工作机制。建立“路桥—朝天一起跑”帮扶机制，定期互派人员进行学习交流，明确凡是到路桥区考察学习的人员必到行政服务中心学习“最多跑一次”最新改革成果，路桥区每季度派出专人对朝天区改革工作进行指导。二是加强互助协作。构建两地“最多跑一次”改革共建互鉴机制，建立联络员制度，完善定期会商工作机制，及时互相通报改革工作新进展、新理念、新经验、新问题，共同研究推进改革工作，不断提升改革水平和质效。

3. 提升治理能力：有效提升干部治理能力

党的十九届四中全会指出，要把提高治理能力作为新时代干部队伍建设的重大任务。干部作为推进国家治理体系和治理能力现代化的组织者、实践者，其素质和专业在很大程度上影响着国家治理的效果。浙江—广元扶贫协作中，提升干部治理能力是重要着力点。首先，交流合作的干部在推进东西部扶贫协作中进一步提高了政治站位、增强了政治素养，明确了使命和担当。其次，在亲历实践或者示范带动的过程中，浙江—广元双方的干部群体践行新时期的群众路线，大多数干部都曾深入一线、关心群众发展，大大提高了自身的基层治理能力。最后，干部群体的专业能力有所提升。特别是广元市干部在挂职锻炼、培训学习、跟班学习的过程中提升了专业能力。以广元市昭化区的共青团干部为例，许多干部在东西部扶贫协作中成为懂电商扶贫的专业人才，进而更好地引领、服务于市场主体和贫困群体。

（二）业务骨干交流助力业务能力提升

除了干部人才交流，业务骨干交流也是东西部扶贫协作的重要内容。中共中央办公厅、国务院办公厅印发《关于进一步加强东西部扶贫协作工作的指导意见》中明确提出，要求“采取双向挂职、两地培训、委托培养和组团式支教、支医、支农等方式，加大教育、卫生、科技、文化、社会工作等领域的人才支持，把东部地区的先进理念、人才、技术、信息、经验等要素传播到西部地区”。浙江—广元扶贫协作推进过程中，浙广双方大力推进业务骨干交流，在推动新理念、新技术、新模式传授的同时，采用搭建平台、示范引领等方式带动行业能力提升。

1. 深化交流合作：促进业务骨干服务理念更新

教育、卫生、科技、文化、社会工作等领域的业务骨干是行业内业务水平、业务技能等领域掌握较高技术水平的人才。东西部扶贫协作中，业务骨干的“组团式”教育帮扶、医疗帮扶、技术帮扶等诸多帮扶形式，是推动贫困地区开展教育扶贫、健康扶贫、科技扶贫的重要力量，更是激活贫困地区长效减贫的核心路径之一。浙江—广元扶贫协作推进过程中，浙广双方突出智力支持，常态化地构建骨干人才交流机制，通过“植入式”示范引领、技术输入、培训指导等多样化方式，推动业务骨干服务理念的更新。以教育领域为例，浙江在教育现代化、推进基础教育改革、中小学课程改革、城乡教育均衡发展、素质教育工程等方面成效明显，形成了宝贵的经验。浙江—广元扶贫协作期间，广元市借助教育业务骨干的交流，广元市积极借鉴浙江教育的先进理念、优秀模式、科学方法、高校机制，将其有机融合到学校发展规划和教育教学管理之中，着力提升自己理论水平和学习实践能力，用浙江智慧助推广元市教育持续、快速、健康地发展。例如，

2018年以来，广元市昭化和浙江省龙泉市两地坚持资源共享、优势互补、发展互惠、合作双赢，紧紧围绕学校管理、教研联动、教师交流、学生互动、就业创业等领域，开展全方位的合作交流。其中，2019年春季学期，昭化区40名校（园）长赴龙泉参加“昭化·龙泉教育协同发展研讨班”，在学校党建、教育提质、队伍成长、教育科研、心理教育等方面进行深入交流，有效推动了昭化区校（园）长进行教育理念的更新。

案例

三门—苍溪办好“三个班”打造东西部协作教育扶贫“直通车”

广元市苍溪县深入贯彻习近平总书记关于“扶贫先扶智、扶贫必扶志”的重要指示精神，率先与浙江合作开设“苍溪机电班”“订单培训班”“育才师培班”，打造东西部协作教育扶贫“直通车”，实现“教育一人、就业一人、脱贫一户”。先后在川甘青交界地区教育发展调研座谈会、全省东西部扶贫协作业务培训班上做经验交流发言。

第一，校校合作创办“苍溪机电班”，以职业教育铺好贫困学生就业路。一是精准确立办学模式。充分借助浙江台州三门技师学院办学优势，投入帮扶资金230万元，定向创办“苍溪机电班”，让苍溪县职业高级中学的学生完成2年的基础文化课程后，每年选派不少于40名贫困家庭学生到三门技师学院进行1年的专业技能强化训练和实习，并由三门县推荐就业，确保毕业生高起点就业。二是量身定制专业课程。及时对接当地企业特点及用工需求，将新技术、新工艺、新规范纳入教学内容，量身设置实训课程，让贫困家庭学生同时取得学历证和职业资格证“双证书”，确保毕业生高水平就业。近三年，累计取得钳工和车工高级证书100人、中级证书53人。三是定向输送企业就业。定点对接15家世界500强企业和10家国有企业，为学生搭建实习、就业平台，确保毕业生高质量就业。学生实习期间月平均工资3000~5000元，实习即上岗，上岗就挣钱。截至2020年6月，已毕业的89名贫困学生月工资平均在5000元以上，均高于无技术学生2000元以上，同时，每人每年还享受就业稳岗补助2.5万元。比如，2018级苍溪机电班学员杨鹏在鼎欣吉盛股份有限公司就业后，月平均工资7700元。

第二，校企合作开办“订单培训班”，以技能提升拓宽贫困家庭增收链。一是聚焦就业需求开展订单培训。根据贫困劳动力就业需求，依托苍溪县职业高级中学的专业优势，有针对性地开展电工、焊工等职业技能培训，累计培训贫困劳动力3000余人次，实现就业1600余人，人均增收千元以上。二是聚焦用工需求开展订单培训。积极对接浙江企业用工需求，选派待业大学毕业生、择业高中毕业生、退役军人等群体，定向输送企业培养，择优录取就业。比如，100余人到浙江吉利汽车公司参加“吉利成蝶计划班”后，月平均工资均达5000元以上。三是聚焦双师带徒开展订单培训。依托职业技术学院与浙江三维橡胶制品股份有限公司等20余家东部企业，采取“线上授课、线下实训”培养模式，促进贫困劳动力快速上岗就业。目前，第一批100名学员全部实现就业。

第三，县校合作共办“育才师培班”，以优质教育斩断贫困代际传递根。一是外培内育提升师资水平。投入帮扶资金100余万元，选派150余名乡村教师赴浙江中小学校跟班学习，邀请三门县20余名教学名师到苍溪县示范讲学，集中对5300余名教师开展校本培训，1万余名贫困家庭学生受益。二是项目扶持改善办学条件。筹措社会帮扶资金500余万元，扶持31个乡镇中心学校硬件设施建设，助推7个中心学校全面“达标”。例如，募集社会捐资380万元新建2500平方米的五龙小学台州湾幼儿园，建成后将解决周边5个乡镇400余名适龄儿童“上学难”问题。三是资源共享提高教育质量。积极开展网络协同教研，选派30名教师到苍溪县现场送教支教，助力提升苍溪县教育质量和水平，持续推动该县义务教育均衡发展，助推基础教育在全市持续34年领跑。

2. 提升业务能力：提升帮扶团队业务能力

教育、卫生、科技、文化、社会工作等领域之中，业务能力是业务人员处理行业中事务的能力，业务能力高低对服务质量有决定性影响。浙江—广元扶贫协作推进中，借助业务骨干交流提升受帮扶团队的业务能力，是改善贫困地区城乡基本公共服务、提升贫困群体及广大群众获得感的重要路径。以医疗卫生领域为例，针对广元市所存在的医疗卫生基础薄弱、专业医疗人才匮乏、贫困群众看病难矛盾等突出问题，浙江省的帮扶单位不断加大“组团式”医疗服务，充分利用浙江省医疗骨干的技术专长和团队优势，通过人才培养、学术交流、技术支持、信息共享等方式，有效传播了医学先进理念、前沿技术和宝贵经验，大大强化了广元市本土医疗卫生人才培养和重点学科建设，有效提升了医疗卫生领域的人力资源配置，为保障广元贫困群众的健康提供了重要支撑。在浙江省众多“组团式”医疗服务实践中，龙泉市因地制宜推行“组团式”医疗具有典型性，撑起了贫困群众的健康“保护伞”。

案例

浙江省龙泉市“组团式”医疗撑起贫困群众健康“保护伞”

浙江—广元扶贫协作的推进中，龙泉市创新推行“组团式”医疗服务，在广元市昭化区成功建成血透室一个，常年开展血透患者28人，已开展血透业务5100余人次。同时，建立一个市级重点专科（昭化区人民医院儿科）以及两个区级重点专科（昭化区妇幼保健院妇科、昭化区中医院针灸理疗科），多项帮扶内容填补了昭化区医疗工作空白。龙泉市组团式医疗团队入选2018年“感动广元十大人物”，受到人民网报道点赞。具言之，龙泉“组团式”医疗服务主要做法如下：

人才组团，精准选派。龙泉市人民医院在医务人员十分紧张的情况下，相继选派领导层、管理层、业务骨干层三个层面的22名医务人员组成援助团队，筹备组建昭化区人民医院血透室、脑外科等科室。在血透室的建设中，团队从设备材料购进、人员培训配备、规章制度制定开始做起，克服水土不服、工作量大等困难，仅用一个月时间，就顺利通过了广元市达标验收；在随后诊疗工作中，团队专家采取师带徒的方式，手把手教，个跟个学，在较短的时间内培育出了一支当地血透队伍。目前，该科室已能独立开展各类血透业务，切实为当地血透病人解决了看病难、看病贵的问题。

以帮促带，培养团队。昭化区先后选派9名医务人员到龙泉顶岗学习。为此，龙泉市建立了培训专班，制订了专门学习方案，将学习交流人员安排到重点科室、重点岗位，跟班锻炼实践，有效提升了指导的针对性和实效性。组建了邱伟文、雷樟根专家工作室。在龙泉举办了昭化区院长、名医异地研讨学习班。两地通过开展专家讲座、医院查房、病案交流、病例会诊，手把手帮带示范，有效提升了昭化区医务人员的业务水平。已培养了15名神经外科、血透、肾病内科等医护人员，为昭化区培养了一支“永不走的医疗扶贫队”。迄今，昭化区人民医院申报市级重点专科3个（骨科、儿科、妇产科），与同期相比，门诊量增加了11%，住院量增加了20%，业务收入增长18.5%。

管理组团，理念互通。龙泉、昭化两地注重从领导干部、管理人员、服务团队等不同层次开展帮扶。围绕县级公立医院综合改革、“医共体”建设、“最多跑一次”等帮扶内容，龙泉市人民医院专门成立“最多跑一次”工作推进小组，多次赴昭化区人民医院开展推进工作。结合昭化区人民医院制订了《昭化区人民医院医疗卫生领域“最多跑一次”改革工作实施方案（试行）》。其间，推进工作小组在龙泉市人民医院老院长雷樟根主任医师带领下，开展了首次多学科联合诊疗活动。同时，为了提升昭化区人民医院精细化管理，推进小组还组织了昭化区人民医院中层以上及临床一线医务人员进行“科室精细化管理”讲座，并组织了骨科会诊大查房，有效帮助了昭化区患者在就医过程中少跑腿、更便捷、更省心。

（三）劳务协作促进脱贫能力提升

就业扶贫是帮助贫困人口脱贫致富最直接最有效的手段。习近平总书记指出，一人就业、全家脱贫，增加就业是最有效最直接的脱贫方式。浙江—广元扶贫协作推进期间，广元市始终坚持以习近平总书记关于扶贫工作的重要论述为指导，按照市委、市政府创建东西部扶贫协作示范市的总体部署，紧紧围绕提高劳务输出组织化程度来加强浙广东西部扶贫劳务协作，实施劳务对接、职业培训、稳定就业、权益维护“四大行动”，帮助贫困劳动力转移就业增收脱贫。

1. 高度重视协作：成立领导机构、构建协作机制

中共中央办公厅、国务院办公厅印发的《关于进一步加强东西部扶贫协作工作的指导意见》对劳务协作提出明确要求，“帮扶双方要建立和完善劳务输出精准对接机制，提高劳务输出脱贫的组织化程度……西部地区要做好本行政区域内劳务对接工作，依托当地产业发展，多渠道开发就业岗位，支持贫困人口在家乡就地就近就业。开展职业教育东西协作行动计划和技能脱贫‘千校行动’，积极组织引导贫困家庭子女到东部省份的职业院校、技工学校接受职业教育和职业培训。东部省份要把解决西部贫困人口稳定就业作为帮扶重要内容，创造就业机会，提供用工信息，动员企业参与，实现人岗对接，保障稳定就业”。作为劳务输出大市，广元市高度重视浙江—广元扶贫劳务协作。

一是强化组织领导。广元市成立了浙广东西部扶贫劳务协作领导小组，市人社局主要领导任组长，相关领导任副组长，相关科室负责人为成员，统筹协调全市东西部扶贫劳务协作工作。领导小组办公室设在市人社局农民工工作科，负责日常工作。同时，广元市受扶县（区）也成立了相应的组织机构，全面推动浙江—广元扶贫劳务协作工作顺利开展。

二是建立健全工作机制。建立健全了人社部门主要领导互访机制和协作会议制度，每年开展定期互访，召开联席会议，开展对接活动，确定协作重点，通报工作进展情况，研究部署和协调推进扶贫劳务协作具体工作。同时，加强市、县（区）协同，在帮扶市、县（区）建立了扶贫劳务工作站，明确了工作职责，分市、县区两个层面对接推动，市重在规划和统筹

全市对接活动，县（区）重在抓好扶贫劳务协作落实。

三是强化政策支持。一方面，科学编制了《浙广扶贫劳务协作三年发展规划（2018—2020年）》《广元市浙广扶贫劳务协作年度工作要点》等政策文件，为扶贫劳务协作的推进指引方向。广元对口帮扶县（区）出台了相应的政策文件。另一方面，会同对口帮扶地区研究出台对赴帮扶地就业创业贫困劳动者支持政策，结合广元市就业扶贫政策，出台相关配套政策，形成完备的政策支持体系。充分发挥协作双方政策叠加效应，建立政策实施评估机制，推动各项政策精准落实落地。

四是强化跟踪问效。将东西部劳务扶贫协作纳入广元市就业扶贫考核的重要内容，明确年度目标任务，建立工作责任清单，通过暗访发现问题。对工作落实不到位的，严格问责，限期整改。

2. 强化协作关系：提高劳务输出组织化程度

当前，实现农村贫困人口脱贫并解决区域性整体贫困是全面建成小康社会最重要的目标和最艰巨的任务，切实做好扶贫劳务协作、提高劳务输出工作组织化程度，有助于推动农村贫困劳动力实现转移就业，为打赢打好脱贫攻坚战提供坚实助力。浙江—广元扶贫协作推进期间，广元市摸清家底准确掌握建档立卡贫困人口中有就业意愿和能力的未就业人口信息以及已在外地就业人员的基本情况，着力于在因人因需提供就业服务的基础上提高劳务输出组织化程度，与浙江省及对口帮扶市县有序开展有组织的劳务对接。具言之，广元市着力于提升转移就业“三精准”，以此持续提高劳务输出组织化程度。

一是精准需求，建立“一库三名单”。按照“个人登记，村（社）成册，乡镇建账，县（区）汇总”的原则，全面摸清全市15.65万名建档立卡贫困人口就业信息，建立“贫困劳动者资源库、有转移就业意愿和能力未转移就业贫困劳动者名单、有转移到浙江企业就业意愿贫困劳动者名单、已在浙江就业贫困劳动者名单”，按季动态更新，做到贫困劳动者有到浙江就业意愿清、技能培训清、就业状态清。以广元市朝天区和台州市路桥区的劳务协作为例，2018 年以来，朝天区与路桥区两地劳务协作工作站先后对浙江省 1100 家用工企业和四川省内 602 家企业进行走访调查，收集掌握用工需求信息 11205 条，成功筛选有效岗位信息 6210 条。按照企业信用好、工作环境好、薪资待遇好、生活保障好、发展前景好的“五好”要求，筛选出杭州娃哈哈集团有限公司、三鸥机械有限公司、信溢农业机械有限公司等 76 家企业，建立企业用工需求库，开展定点劳务转移输出。同时，完善贫困劳动力就业“三名单”。对朝天区 25 个乡镇 214 个村的劳动力逐户进行排查，实行劳动力求职信息实名制登记，采集建档立卡贫困劳动力名单 14079 人、已转移到企业就业贫困劳动力名单 3291 人、有转移就业意愿和能力未实现转移劳动力名单 468 人。此后，通过组织专人对“一库三名单”信息逐一比对并及时进行动态调整，精准匹配就业岗位。

二是精准对接，组织定向输送。广元市、各受扶县（区）按季与浙江方互通劳务信息，筛选适合贫困劳动者的就业岗位信息 10 万余条，在广元市公共招聘网、市县（区）人力资源市场、村（社区）LED 显示屏等媒介上广泛发布。按季组织浙江企业来广元开展县和重点乡镇招聘活动，实施现场对接。对接成功的，采取购买服务的方式，由人力资源中介机构组织输送；公共就业服务机构安排专人，组织专车专厢输送；针对人数较少的情况，安排专人组织购票，联系浙江企业接站。

案例

浙江—广元扶贫劳务协作助力广元3万农民工返岗就业

2020年3月，中央组织召开了决战决胜脱贫攻坚座谈会之后，广元市与浙江广元片区工作组抢抓浙江—广元扶贫协作机遇，提前谋划，迅速行动，精心组织，采取“四项”有力举措，通过东西部扶贫劳务协作平台帮助3.05万农民工有序返岗就业，其中建档立卡贫困人口3243人，新增就业351人。

首先，统筹力量组建返岗就业“工作队”。2月27日，广元市发展改革委、市人社局协同广元片区工作组成立了东西部扶贫劳务协作返岗就业工作队，研究制订了全市东西部扶贫劳务协作返岗就业工作方案，提出了“一手抓疫情防控、一手抓返岗就业”的工作思路。6个受扶县（区）也分别成立了由挂职副县级干部为队长的返岗就业招工小分队，全面形成市、县（区）两级联动的工作机制。

其次，双向对接掌握返岗就业“真信息”。充分发挥扶贫协作联络站、人力资源机构的作用，在浙江对口帮扶地区台州、丽水、湖州3市，全面收集企业用工需求、薪资待遇等信息6.3万余条，通过微信公众号、抖音短视频、广播电台等平台广泛发布。大力宣传东部地区农民工返岗就业福利补助政策，以乡镇为单位全覆盖收集农民工健康状况、技能特长、就业意愿等信息，分类建立台账，持续开展线上招聘、远程面试等招聘对接。同时，全面摸排省内、市内企业以及乡镇（街道）、村（社）扶贫车间复工复产情况和用工需求，收集到空岗信息4500余个，有针对性地提供给有就近就业意愿的农民工，特别是因新冠肺炎疫情无法返岗贫困劳动者和湖北务工农民工等就业困难群体。目前，已帮助1243名建档立卡贫困人口实现就近就地就业。

再次，一人一检生成返岗就业“健康码”。坚持以村（社）为基本单元，整合县（区）、乡（镇）、村（社）“三级”医疗人才资源，按照至少1名全科医生、1名专业护士、1名村医的标准，建立外出农民工免费体检“定点服务站”“流动服务点”，为每名返岗就业农民工出具健康证明，生成“健康码”。同时，更加注重返岗就业后续保障工作，统筹驻外流动党组织和对口支援地区司法、人社等部门力量，推行1名驻外流动人才党委联络员、1名劳动保障专员和1名法律顾问的“3个1”农民工服务保障团队，制发《农民工连心卡》，提供外出农民工新冠肺炎疫情期间生活保障、劳动争议、医疗服务等10项服务。

新冠肺炎疫情期间，四川省首架返岗包机载着广元劳动者赴浙就业

最后，一车一案护航返岗就业“安全路”。与浙江建立出行信息互通、健康证明互认等机制。实行“一车一案”细化在途防控措施，乘车途中落实2名“疫情防控监督员”，协助驾驶员做好行车安全、车内消毒等工作。每车配备手持体温监测仪、口罩、消毒喷洒壶等防护物资。每两小时车内消毒1次、每4小时集中测量体温一次、每车后两排设置“临时隔离区”，全力做好途中疫情防控。截至目前，先后开通到杭州包机、嘉善专列以及台州、丽水、湖州专车，“点对点”一站式免费输送23批次1.03万名农民工（其中建档立卡贫困人口1066人）返岗浙江就业。

三是精准服务，促进稳定就业。广元市各受扶县（区）在浙江建立扶贫劳务协作工作站，每个工作站配置1~3个公益性岗位，至少聘请1名广元籍人员，开展就业稳定服务工作。对新转移到浙江就业的贫困劳动者，实施3个月就业稳岗跟踪服务，重点做好浙江方的政策落实、岗位匹配、权益维护等服务工作。

案例

“一委三站”零距离　服务农民工“最后一公里”

近年来，广元市苍溪县深入贯彻落实习近平总书记“为农民工服务要广覆盖，在实践中不断完善”的重要指示，以东西部扶贫协作为契机，创新“一委三站”服务机制，零距离暖心服务农民工，充分激发其在脱贫攻坚和乡村振兴中干事创业的激情和动力。

第一，建流动党员党委，“三个引领”强带动。在浙江、广东等地建立8个流动党员党委，提升服务农民工特别是农民工流动党员的质量和能力，实现三个引领：一是组织引领。加强与流入地和流出地党组织的联系，推行“流出地党组织＋驻外流动党员党组织＋农民工”“双向对账”联系机制，建立健全流动党员农民工信息库，做到了流动流向、从业情况、社会关系、政治面貌、返乡创业意向、入党意愿、担任村干部愿望、联系方式“八个清楚”，实现了在外农民工党员“离乡不离党”“流动不流失”。二是人才引领。主动参与“广纳英才、原来有你”引才月活动，协助落实“人才定向回引”计划，实施“归巢创业1313”行动和党建“两强五引领”工程，开辟绿色分类选任机制，推行组织任命、公推直选、顶岗试用模式，从优秀返乡农民工党员中选任村党组织书记307名、副书记21名、村主任274名、村“两委”委员363名，有效提升了党建引领乡村振兴的能力和水平。三是典型引领。流动党委积极主动承担招商引资、招才引智联络员职责，大力宣传苍溪县经济社会发展成果，成功引进一批优秀企业投资苍溪、广元及四川，投资总额达20亿元。苍溪籍优秀农民工企业家李天军投资1000万元，在新观乡建成老年活动中心，也涌现出全国人大代表、全国脱贫攻坚奖奋进奖获得者李君，“全国优秀农民工”、四川省脱贫攻坚奖奋进奖获得者罗洪，四川省优秀共产党员杨敏等一大批先进典型。

第二，建农民工工作站，“三项重点”强服务。在台州市三门县、宁波市、东莞市等地建立驻外农民工工作站8个，常态化为农民工提供就业创业、子女就学、技能培训、文化生活、社会保障等服务保障工作的同时，突出三项重点助推东西部扶贫劳务协作：一是送岗稳岗。全覆盖共享东部省份就业岗位信息，免费开通农民工返岗专车，探索出台《苍溪县东西部扶贫劳务协作奖励扶持办法》，到浙江三门签订一年以上劳动合同并稳定就业3个月以上的贫困人口补贴2000元/人·月，目前已输送208人到三门县稳定就业。二是组织转移。通过农民工工作站的前期信息收集和后续服务接力，实现输出地和输入地组织转移工作无缝衔接。召开东西部劳务协作招聘会28场次，组织贫困家庭劳动力转移就业821人。三是回引培育。近年来，苍溪县创新一个对接联系制度、一套激励优惠政策、一批成熟优质项目、一级职教培训平台、一套绩效考核办法、一批优秀农民工典型的“六个一”回引培育机制，为外出务工成功人士返乡创业搭桥铺路，回引培育成效显著。苍溪县被评为“全国支持农民工等人员返乡创业试点县”和“全国农村创业创新典型县范例”。

第三，建工会维权站，“三联机制”强保障。着眼解决外出务工人员维权难题，创新探索远程联建、城际联动、案件联处“三联机制”，打通外出农民工维权通道。一是远程联建。创新探索新的异地维权模式，在宁波、西安、西宁、乌鲁木齐、兰州、东莞等苍溪籍外出务工人员最多的聚集地，协同当地工会联合建立农民工维权站7个，维权触角覆盖全国全部省份，常态化提供法律援助和维权服务。二是城际联动。先后与33个省市县工会建立联动维权机制，为外出农民工织就一张维权保护网，一旦发现劳动维权纠纷，相关市县工会自觉联动，合力协助维权。三是案件联处。加强与异地相关职能部门的协调联动，先后调处赴疆农民工李某工伤索赔案，邹某等欠薪维权案件。2019年5月，苍溪县工会与驻广东工会维权站联手出击，成功帮助110余名苍溪籍农民工维权，并得到四川省委常委、省总工会主席田向利的亲笔肯定性批示。

第四，建商会联络站，“三大效应”强发展。以旅外商会为平台和载体，充分发挥推动企业发展和服务农民工的纽带作用，凸显三个“效应”：一是“磁场效应”。联动主要分布在北京、重庆、广东等地劳动密集型为主的1000余家企业，加强企业之间的互动交流，实现商机共创、抱团发展，通过苍溪企业家联盟为苍溪籍农民工开展就业援助服务。二是“凝聚效应”。充分发挥旅外商会企业家的影响力，将农民工的教育、管理、服务与会员企业服务有机结合起来，利用每年春节、中秋等节日，组织召开农民工联谊会，既联络感情，也探讨发展。三是“示范效应”。深入推进“归巢创业工程”，开展“万企帮万村”活动，充分发挥企业在助力脱贫攻坚中的示范作用。苍溪黄猫垭商会获评全国“万企帮万村”精准扶贫行动先进民营企业，示范带动旅外企业家回乡创业，积极投身脱贫攻坚和乡村振兴，有效助推全县高质量脱贫摘帽和经济社会高质量发展。

第五，建“车间＋基地”的“造血式”扶贫解脱贫难题。依托东西部扶贫农业产业示范园、工业产业园和特色产业为载体，引进东部实体企业入驻园区，建立扶贫车间，打造扶贫基地，拓展贫困户增收渠道，让贫困户在家门口就能就业，全县共有就业扶贫基地和扶贫车间272个，共吸纳贫困劳动力3000余人，为贫困群众脱贫之后持续增收，提供了长期稳定的支撑，切实解决了他们就业难、脱贫难的问题。

3. 激活内生动力：促进贫困劳动力脱贫能力的提升

习近平总书记强调，“扶贫要同扶志、扶智结合起来”。对于贫困群众而言，要摆脱贫困，既需要政策的支持，更需要激发他们的内生动力，在扶贫的过程中重视扶志和扶智，让他们树立起摆脱贫困的决心和信心，通过自己的双手去改变自己的命运，让劳动力变成摆脱贫困的资源，用好劳务扶贫这把“金钥匙”，更好地打开脱贫攻坚的大门，让贫困群众通过劳动提升获得感和幸福感，从根本上斩断“穷根”。劳务扶贫协作的推进中，广元采用多样化举措推动贫困劳动力提升脱贫能力。

首先，构建技能培训“三路径”，不断增强就业脱贫内生动能。一是分段式培训，提高技能培训水平。根据劳动者培训愿望和产业发展需求，紧密结合浙江职业培训优势，在广元开展初级培训，再组织贫困劳动者到浙江进行提高培训。如组织 360 名贫困劳动者在广元接受开展 10 天电

青川引进吴兴湖羊，浙江专家来广指导湖羊养殖技术

商理论培训的基础后，再前往浙江参加20天的实战培训。充分利用远程信息技术，在广元开展创业培训的后期，与浙江方互动开展创业大讲堂、创业论坛等创业提升培训。二是请进来培训，提高技能培训能力。根据浙广双方产业合作导向，分县（区）组织专班，借助浙江高水平师资队伍，邀请浙江专家来广开展授课培训，开展“白叶一号”优质茶栽种、灵芝种植、湖羊养殖、淮扬菜烹饪等培训1822余人。三是定向式培训，提高技能培训层次。开展贫困家庭子女职业生涯规划指导，帮助他们树立技能成才的理念，组织到浙江接受职业教育。在广元市苍溪县组建全省首个“东西部扶贫协作定向培训班”，每年定向招录50名初高中贫困毕业生，统一输送到台州市三门技师学院免费接受职业教育。

案例

政策助力找出路 脱贫致富感党恩

——旺苍县何红祥同志先进事迹

何红祥，男，48岁，广元市旺苍县五权镇三溪村人，因妻子患重病，两个孩子上学，被列为精准扶贫户，通过国家政策的大力扶持，在他的艰苦奋斗下，走出了四面环山，靠天吃饭的农村，日子越过越红火。在何红祥的辛勤劳动下，通过外出稳定就业，家庭人均年纯收入达到4.8万元，超过国家脱贫标准线10倍，提前摘掉了贫困帽。脱贫后的他并没有停留，而是选择了积极动员家乡60余名贫困劳动力跟随他外出务工，为他们提供就业渠道，增加务工收入，增强脱贫致富的信心，他说道：“我在最困难的时候是国家帮助了我，虽然我的日子好起来了，现在我有义务贡献自己的微薄力量，帮助那些需要帮助的人。”何红祥的先进事迹受到了父老乡亲的一致好评，2016年被评为首届“广元百佳脱贫示范户”。

困难时刻政策扶持，此生难忘救命之恩。何红祥在外务工，一年漂泊不定，没有固定的工作，都是依靠卖苦力挣点血汗钱，妻子在家务农，依靠二人微薄的收入勉强维持家庭生计，供养家里两个正在读高中的孩子，虽然日子过得不算太富裕，但是一家人生活在一起还是其乐融融。但在2014年的一天，妻子突然神志不清精神异常，后经广元市第一人民医院确诊为精神分裂症，这一消息打破了这个家庭的宁静。为了给妻子治病，短短半年时间就花了近10万元，让本已清贫的家庭更是雪上加霜，家庭所有的经济压力都落在了何红祥一个人的肩上。为了筹集资金，他借遍了所有的亲戚朋友，想尽了所有办法，那时的他才真正体会到了生活的绝望，他不知道接下来的日子会怎样，怎样才能让两个读书的孩子顺利完成学业，无助的泪水在这个大男人的眼眶里面打转。庆幸的是天无绝人之路，就在这时，国家大力实施精准扶贫政策，根据他家庭特殊情况，核定为精准扶贫户，为他安排了帮扶责任人，分析家庭现状，制订切合实际的帮扶计划，同时从根本上解决了其妻子生病住院、子女上学的难题。“如果没有国家这么好的政策，我们家就真的完了。”何红祥说。

相濡以沫亲情守护，自力更生不等不靠。为了方便照顾生病的妻子，何红祥毫不犹豫选择了留在家中，但是传统农村经营模式，难以增加家庭经济收入，在帮扶计划制订的时候，帮扶责任人提出了发展产业增收的想法，何红祥参加了县人社局组织的种养殖技能培训后，先后自己累积筹资3万元，通过小额扶贫贷款3

万元，修建鱼塘4个，养鱼13000余尾，种植绿茶10余亩。种植野生猕猴桃11余亩以及食用黄金叶树500余株，家庭年人均纯收入增加达8000元。

东西部扶贫协作稳定就业，抢抓机遇脱贫致富。在何红祥悉心照料下，其妻子的病情得到恢复，2019年1月，何红祥参加了“浙江仙居—四川旺苍”东西部劳务协作就业扶贫专场招聘会，通过招聘会现场工作人员的热情讲解和详细介绍，何红祥一家三人成功与浙江仙居沃尔科电器有限公司达成就业意向，2019年2月，乘坐旺苍县人社局组织的专车前往浙江仙居沃尔科电器有限公司上班。在沃尔科电器有限公司，收入大幅增加，生活水平也得到了提升，家人还能时刻团聚在一起。在公司领导的关心帮助下，他们很快熟悉了岗位工作内容，凭着吃苦耐劳努力工作，一家三口每月约有12000元的工资收入，政府每月还补助每人1000元，给予一次性交通补贴1500元，生活费补贴3000元，探亲补贴500元，公司为他们一家按时缴纳了五险一金。通过东西部劳务协作机遇，帮助何红祥一家三口实现了稳定就业，务工工资性收入和政府支持贫困户务工奖励总收入达到19.5万元，家庭人均年收入达到48750元，人均收入增长4万余元。

滴水之恩涌泉相报，党的关怀铭记于心。何红祥在工作中勇挑重担，不怕吃苦，总是认真完成每一项工作，把最好的精神面貌展现在同事的面前，时常给周围同事讲脱贫路上的旺苍故事，希望更多的人了解旺苍，支持旺苍经济社会发展。他时刻提醒自己，自己能够脱贫致富离不开党的政策，离不开政府提供的平台，离不开帮扶责任人的辛勤付出，唯有奋发努力，才能不负这么伟大的时代，不负自己。

其次，创新产业发展“三方式”，切实拓展创业带动就业新空间。一是引进浙江能人来广元创业。出台浙江扶贫协作企业来广元投资的支持政策，全面落实创业担保贷款、吸纳贫困劳动力奖补、以工代训培训补贴等政策，为来广元创业的浙江企业提供土地协调、技能培训、人力资源保障等就业创业服务。组织召开东西部扶贫协作专题投资促进活动30场次，从浙江引进一批规模较大、质量较高、效益较好的食品饮料、建材家居、中药材种植等项目152个，帮助7296名贫困劳动者实现就近就地就业。二是引进浙江技术带动创业。围绕广元特色山珍、富硒富锌茶叶、中药材等七大优势农业特色产业，积极推动广元能人与浙江大学食用菌研究所等高校科研院所深度合作，邀请20名浙江专家教授为产业发展顾问，每年来广元有针对性地开展农业科技成果推介会、产业发展专题对接会和专题培训会，推动广元特色产业规模化、高效益发展，促进贫困劳动者在产业链上实现就业创业。三是引导浙广合作共同创业。鼓励浙江企业与贫困地区致富带头人建立产业发展合作机制，采取股份合作、订单帮扶、生产托管等方式，支持贫困户广泛参与、抱团发展，引导完善利益返还、保底分红等利益联结机制，共同建设贫困人口参与度高的仙居鸡、中蜂养殖等特色产业基地或专业合作社60余个，帮助3860名贫困人口通过参与创业实现脱贫增收。积极引导浙江企业建生产加工车间吸纳770名贫困劳动者实现家门口就业。

案例

剑阁县依托扶贫“小车间”撑起脱贫“新希望”

2020年初，广元市剑阁县在严防新冠肺炎疫情的同时，紧紧抓住“增收脱贫”这一关键点，以建设“就业扶贫车间”为抓手，组织动员广大群众外守“疫”线、护家园，内抓春耕、复工促产能，扶贫车间促进居家就业，确保贫困劳动力有岗位稳增收。

一是多地搭建平台。采用“企业＋车间＋贫困户”的模式，支持已经复工的元山镇盘石村、柏垭乡井泉村、姚家乡柳场村等地6个已复工的“就业扶贫车间”良好运行，加快推动下寺麻柳村等4个“来料加工扶贫车间”复工生产。全县10个车间全部运行后，辐射当地贫困劳动者和就业困难人员从事居家就业和灵活就业。二是灵活用工形式。通过“集中＋分散”“主要时间＋闲散时间”相结合的车间加工方式，定向吸纳贫困劳动者和无法实现转移就业的困难就业人员就近就地就业。疫情防控期间，建有扶贫车间的乡镇工作人员戴上口罩，为贫困户家庭和低收入家庭逐户发放纽扣、鞋盒等原材料，指导加工制作，并统一回收，工资采取计件日算月结形式。这种“居家就业”既避免人群聚集，工作时间也灵活，在做好春耕生产之余加工产品，做到生产、增收两不误。三是在线指导运行。根据劳动者就业需要和技能需求，通过手机、微信公众号等平台推送岗位需求，开展纽扣、鞋盒、首饰等简单加工技能培训。采用“三集”“三到”“两推”的运行方式（三集即集中考察来料、集中管理、集中回收；三到即就业延伸到村、岗位派送到户、政策优惠到人；两推即推动贫困村产业多元发展、推进贫困户增收脱贫），解决贫困人口和就业困难人员家门口就近就地就业，实现人均每月增收300~1000元。

浙江—广元扶贫劳务协作实施以来，剑阁县坚持精准聚焦、精准脱贫的总方略，不断深化“莲剑”协作关系，以来料加工促进困难群众就业增收为突破口，将车间建在村、建在困难群众家门口，送岗位到户。建设“扶贫车间”是剑阁县拓宽贫困群众增收，实现贫困群众就近就地就业，挣钱顾家两不误的好思路，是实现贫困户、政府和企业多方共赢的可行措施。

三、产业全面融合助力构建现代化产业体系

浙江与广元的扶贫协作，探索出东西部扶贫协作产业发展的经验。其一，扶贫与协作两手抓，即浙广两地开展多层次、宽领域、全方位的产业合作；两地携手创新产业融合模式，形成了集产业链延伸、多功能拓展、信息化服务于一体的现代化产业体系；通过产品选择、技术指导、市场定位相融合，拓展了产业发展思路；两地坚持优势互补、产业互益原则，增强了产业发展动能。其二，东西部产业重新布局，助推浙江—广元产业协同发展。浙广共谋产业、共建产业园，形成了“一县一园区”“一县一主业”布局。广元市通过赴浙江招商、联合招商，推动产业协同联动发展；创新建立扶贫资金池、延伸产业链，强化产业扶贫带贫机制，最终推动工业、农业、现代服务业和生态旅游业的全面协调跨越发展。其三，浙江—广元扶贫协作具有高度的前瞻性和统筹性，最终促进产业跨越发展，即从传统工业、农业、服务业、旅游业向新型工业、特色农业、现代服务业和生态康养业的跨越发展。

（一）扶贫协作两手抓：产业全面融合发展

浙江—广元扶贫协作呈现出扶贫协作两手抓、多点发力协同推进的格局。“扶贫协作两手抓”即广元市围绕新型工业、特色农业、现代服务业和生态康养，与浙江开展全方位的产业合作；通过延伸产业链、拓展产业功能性、提升信息化服务，促进产业融合发展；依托产品、技术、市场的融合，

拓展产业发展思路。广元市经由多点发力，促进产业发展提质提量，推进产业发展集群集聚。

1. 开展多层次、宽领域、全方位产业合作

广元市借助浙江社会资本、技术、市场、信息等优势和管理经验，立足本市资源禀赋和产业基础，坚持“精准扶贫、精准脱贫”和“资源共享、市场共建、优势互补、互利共赢”的原则，开展多层次、宽领域、全方位的浙江—广元扶贫协作，共同推动广元市产业高质量发展，主导产业不断做大做强，全面构建现代产业体系。广元市围绕新型工业、特色农业、现代服务业和生态康养，与浙江开展全方位的产业合作。

加强新型工业产业发展合作。广元市围绕“一核四带六链”[①]产业布局，着力抓好食品饮料、新材料、清洁能源化工、机械电子、生物医药五大特色优势产业，突破性发展战略性新兴产业和军民融合产业。依托现有川浙合作产业园，共建“6+1”产业园，加大项目招引力度，促进广元工业转型升级，提升本土品牌创新，推动工业产业延链、补链、强链。

加强特色农业开发合作。农业上，广元市大力发展优质粮油、生态畜禽水产、高山绿色果蔬、特色山珍、富硒富锌茶叶、道地中药材六大优势特色产业。广元市依托优势农业，积极引进浙江优质高效产业，实施农业“十万百千工程”[②]。三产上，广元市努力建设中国生态康养旅游名市和中国西部重要绿色食品基地、清洁能源利用基地、商贸物流基地。广元市各县

① “一核四带六链”即以三江新区作为未来支撑广元“两化”互动发展的核心增长极；围绕沿交通干线开放合作发展带、沿江资源能源综合利用发展带、大蜀道文化休闲旅游发展带、秦巴山区绿色经济发展示范带4条发展轴线，构建符合发展趋势、体现广元特点的现代产业体系；着眼三次产业互动融合发展，重点培育现代农业与食品医药、清洁能源综合开发利用、新材料及其应用、电子信息与装备制造融合发展、商贸物流及其配套服务、生态文化旅游与休闲康养6条产业链。

② “十万百千工程”即建设10个万亩农业基地，100个千亩园区，实现年产值100亿元，带动10万贫困人口增收脱贫。目前，已完成投入4.64亿元，已建成项目110个，带动建档立卡贫困户11.81万人脱贫增收。

朝天区龙翔塑编生产线项目

区依托自身特色主导产业，坚持“一村一品”，通过园区建设、基础设施完善、农业产业开发、农产品精深加工、冷链物流、农业科技成果转化、“广元七绝”[①]品牌提升、有机产品认证、线上营销等，创建特色农业全产业链开发建设示范园区。

加强现代服务业合作。广元市通过宣传推介、定向采购、农超对接、商超直销、基地认领订销、设立专柜等方式，构建了立体式营销网络，将广元市农产品销售出去，以消费带动贫困户增收脱贫。广元市通过东智西借，依托人才交流和资源共享，创新产业发展的思路；通过向浙江招商引资增加订单，发展农特产品拓展产品销路；通过共享电商平台、共建实体展销平台，促进浙江—广元产业优势互补。

加强生态康养旅游产业开发合作。广元市引进浙江大型企业，形成广元康养旅游、健康服务、文化创意、观光农业、工业旅游、体育旅游等旅游

① “广元七绝”即以苍溪红心猕猴桃、米仓山富硒茶、青川黑色木耳、朝天核桃、苍溪雪梨、剑门关豆腐、广元油橄榄为代表的广元市域内优质特色农产品。

产业链；创新推出“特色产业 + 旅游”“生态园区 + 旅游”模式，以广元市资源为基础，以浙江经验为依托，促进农业旅游相互融合；通过文化交流、文化走亲活动，促进浙广文化旅游合作。通过文旅合作，浙江—广元携手助力广元市新时代乡村振兴。

2. 创新产业融合发展模式，构建现代化产业体系

产业融合有两种类型，一是指某一产业在发展过程中与产业领域相关的其他产业产生功能或是产品上的联系，基于该联系发生的产业链之间的融合，结果是产生新的产业和业态形式，如乡村旅游业；二是指单一产业内部不同的子产业之间产生联系，在该联系基础上形成功能拓展的新业态，如农业内部的绿色循环经济。[①]广元市在浙江—广元扶贫协作中以农业加工业为主导，形成了以农产品加工为带动的农产品种植、加工、销售的完整产业链条，形成一二三产业融合的现代农业产业体系，在苍溪、旺苍、剑阁、青川、昭化、朝天建立了 8 个浙江—广元扶贫协作农业一二三产业融合示范园区。广元市形成了产业链延伸、多功能拓展和信息化服务一体的产业融合发展模式。

浙江—广元扶贫协作农业一二三产业融合发展示范园区

序号	县区	园区名称	建设内容
1	苍溪县	苍溪县猕猴桃产业融合发展示范园区	新建红心猕猴桃标准化基地 3 万亩，红心猕猴桃精深加工、冷链物流等配套设施设备
2	旺苍县	米仓山茶叶产业融合发展示范园区	新发展黄茶 1 万亩，高标准管护茶园 1 万亩，产业基地提升 1000 亩，改扩建加工厂 1 处，新建农村电商平台 5 个，完善茶园可追溯体系建设，米仓山茶品牌宣传推介

① 王玉玺:《苍溪县猕猴桃产业融合发展路径研究》，西南科技大学硕士论文。

（续表）

序号	县区	园区名称	建　设　内　容
3	旺苍县	旺苍县特色果禽融合发展示范园区	在东河镇种植仙居杨梅 1300 亩；养殖仙居鸡 3 万羽
4	剑阁县	剑阁县石洞沟现代农业一二三产业融合发展示范园	新建 2000 亩猕猴桃、李子、脆桃等基地及初加工、包装、物流设施等配套工程
5	青川县	青川县食用菌一二三产业融合示范园区	维修大棚 400 亩，改造棚内袋料香菇喷灌设施 800 亩，架设喷水管网 2 万米；发展袋料香菇、黑木耳等食用菌 1307 万棒（袋）；新建食用菌菌种生产厂房 1760 平方米，购买生产设备 12 台；新建羊肚菌精选、深加工车间及仓库 11000 平方米，精深产品研发中心和产品营销部 1000 平方米及配套设施；购置羊肚菌等食用菌精选、深加工、科研、仓储设备等；建设集食用菌产品展示、交易、旅游、科普于一体的现代农业示范园区，配套建设集科普中心、餐饮服务、旅游住宿于一体的功能区
6	昭化区	昭化区猕猴桃产业融合示范园区	新建猕猴桃标准化基地 6090 亩，猕猴桃精深加工、冷链物流示范基地等配套设施，建设采摘园等农旅融合基地等
7	朝天区	朝天区两河口现代农业园区	建成 12000 亩的现代农业园区，核心区建高山冷水鱼养殖带、高山特色蔬菜种植示范区、休闲农业体验区、高山花卉观赏区、生态民宿康养区，包含游客接待中心、智能温控连栋大棚、花卉观光区、科研楼、花卉加工厂及酒店式、公寓式、院落式民宿等，并配套生态停车场、特色餐饮、休闲娱乐设施等。在朝天经开区设立共建产业园，引进 5 家以上企业进行农特产品加工
8	朝天区	朝天区转斗核桃现代农业产业示范园	打造核桃标准化示范基地 1 万亩，发展林下经济；在七盘关工业园区建立核桃冷链物流库；打造森林人家 2 家，开发核桃系列特色餐饮，发展采摘、观光等乡村旅游；与朝天核桃交易中心开展合作，在朝天镇建立电子商务销售平台；在朝天经开区建立共建产业园，引进东部企业进行核桃深加工

数据来源：《浙广东西部扶贫协作三年行动实施方案（2018—2020 年）》。

延伸农业产业链。农业产业链延伸与农产品加工业息息相关，其主要目的是增加农产品附加值，通过投入劳动、技术、资本等方式使农业产业链向前期产业部门延伸，增加中间环节，创新农产品深加工技术，提高农业生产的回报率。[①]产业链延伸是当前农村产业融合的主要模式，是农业产业化思想的延续，具有较强的适应性，最大的优势是能够很好地把价值链留在农村。

在浙江—广元扶贫协作中，广元市以特色农产品的干燥、保鲜、贮藏为重点，加强初加工环节设施的配套建设，建设粮食烘储加工中心、水果蔬菜加工中心，发展农产品冷链物流发展，实现生产、加工、销售的有效衔接。农产品的精深加工主要是围绕农产品初级产品生产营养、安全、美味、健康的多元化的食品，提高产品价值，带动农民增收。依托浙江—广元扶贫协作项目，广元市形成了融农产品生产、加工、储存、运输、销售等环节为一体的完整链条。如旺苍县的“仙居枇杷”种植项目，县区与供应商建立稳定的供应关系以降低生产成本，通过浙江专家技术培训来保证农产品质量，借助农产品电商平台来推动产品线上线下同步交易，采取土地流转、农户托管等方式与农户分享红利。

拓展农业的多功能性。农业多功能性是指将旅游业与农村地区的自然景观、人文景观和农耕文化等载体相结合，[②]激发农业的经济功能、生态功能、社会功能、文化功能，[③]通过打造乡村旅游的方式，创造新的消费点。

---

① 朱啸枫、张东玲、陈景帅:《农业产业链延伸、生产性服务业和农业教育耦合协调研究》,《青岛大学学报（自然科学版）》，2020 年第 1 期。

② 王玉玺:《苍溪县猕猴桃产业融合发展路径研究》，西南科技大学硕士论文。

③ 李金鸿、逯一哲、朱熔深:《农业多功能视角下黑龙江产业融合发展路径研究》,《农村经济与科技》，2020 年第 6 期。

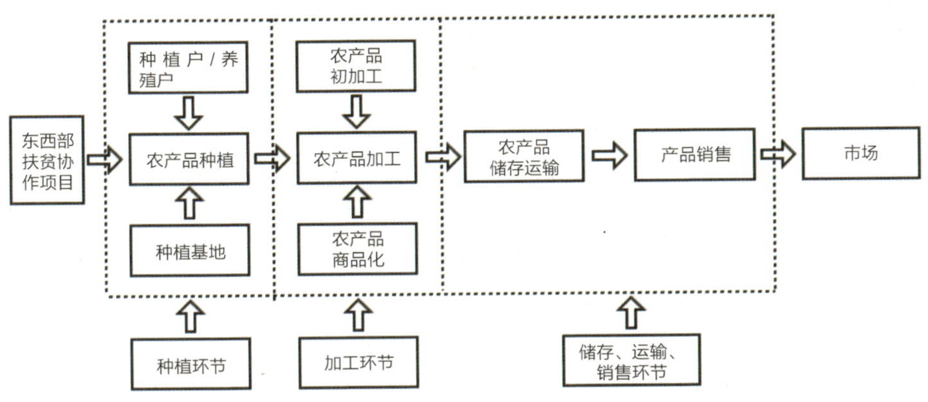

广元市农业产业链示意图

依托浙江—广元扶贫协作，广元市积极建设田园综合体和体验式农业，拓展农业产业的多功能性，全面促进产业融合。广元市以现有的旅游观光景区、文化古镇、农业特色生产园区为基础，充分挖掘当地的旅游资源，依托现有种植和旅游景点，发展休闲农业旅游。广元市依托“现代农业＋休闲旅游＋田园社区”模式，发展生态农业、体验农业，让游客在欣赏美景、休闲采摘的过程中体验农耕文化。如朝天区两河口现代农业园区依托高山冷水鱼养殖业，建设了观光步行道、鱼文化广场、生态停车场、农耕雕塑景观、高山花卉科研示范基地、两河村村史馆等。在两河村村史馆展示了上百件旧物件，游客在观光休闲之余，可以来村史馆领会两河村的民俗和民风。

提供信息化服务。农业信息化是产业融合的技术基础，是指充分发挥信息技术作用，使其应用在农村经济发展、农村产业融合等方面，使各种涉及农业农村的信息资源在农村中得以开发和利用，以简化中间环节、促进信息互通、降低交易费用和市场风险。

广元市通过产品销售的智能化，推动农业与互联网的深度融合，鼓励大型电商企业开展农产品电子商务业务，拓宽产品销售渠道。广元市通过产品销售智能化和提供信息化服务，拓展了农产品销售渠道，激发了农民种植养殖热情，促进了农业生产从粗放生产向“订单农业和精准生产”转变，促进了特色产业提质增收。如青川县实现了电子商务由弱到强的转变：完善物流配送体系，解决了产品的流通问题；构建产品溯源体系，解决了产品质量安全问题；依托阿里、京东等知名电商平台，组织开展扶贫产品限时秒杀团购等活动。

3. 产品、技术、市场深度融合，拓展产业发展思路

浙江—广元扶贫协作经历了三个阶段，[①]合作重点也从“温饱”转向“产业”，从“引进来”向“引进来+走出去”结合，广元市产业发展实现了产品选择、技术指导、市场定位的融合。

产品选择的融合。广元市栽种茶叶历史悠久，特别是近几年，俨然成为川茶发展中的黑马，尤其以旺苍县的米仓山茶叶名气最响。2017 年，旺苍县茶叶销售额达到 13 亿元，成为当地农业产业中占比最大的支柱产业。青川县也有自己的茶叶产业——“白叶一号”，2018 年，寄托着浙江安吉黄杜村父老乡亲深情，以及青川县贫困群众脱贫奔小康愿景的“白叶一号”茶苗，从浙江出发，在青川县沙州镇青坪村、关庄镇固井村、瓦砾乡柳河村三个贫困村落地生根，如今在受捐 540 万株的基础上自购 1665 万株累计种植 2205 万株，它们长成了 5217 亩的茶田，存活率高达 95% 以上。

浙江为广元产业发展提供技术支撑。旺苍茶叶从名不见经传到扬名四海，成为全县脱贫攻坚的利器，“蜕变”原因在于技术的更新换代。早在 1997 年，浙江省派遣了 20 多位知名企业家和科研院所负责人前往广元

① 浙江—广元扶贫协作三个阶段：（1）浙江对口帮扶广元初始阶段（1996—2008 年）；（2）“5·12”浙江援建青川灾后重建（含长效帮扶）阶段（2008—2017 年）；（3）浙江—广元扶贫协作时期（2017 年至今）。

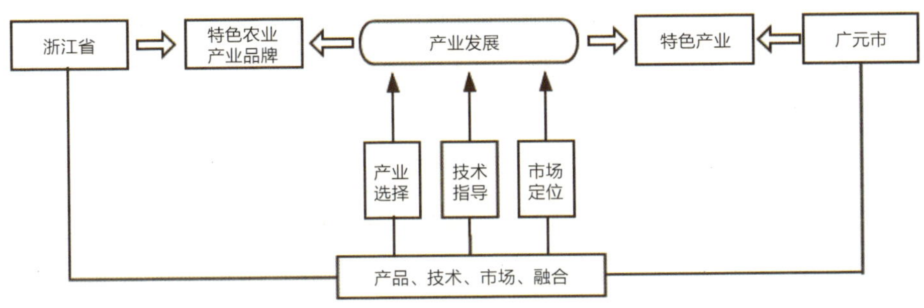

浙江—广元扶贫协作产业发展中的产品、技术、市场融合

考察，浙江省专家负责转接优化茶叶品种，淘汰老品种，提高旺苍茶叶种植技术。在浙江省专家的帮助下，广元市茶产业得到迅速发展，并出现了米仓山茶、七佛贡茶、广元纯黄茶三大区域公用品牌。“翠玉梨”是浙江省农科院培育的新品种，为性状优良的极早熟品种，该品种耐贮藏、品质佳、价值高，种植、贮藏、运输优势非常明显。剑阁县在浙江省丽水市莲都区农业局的协助下，通过到莲都区实地调研，邀请莲都区农业专家来剑阁实地测土，最终决定引种翠玉梨。2020 年，剑阁县引进翠玉梨果苗 11500 株，在汉阳镇天桥村和高关乡田坝村建设翠玉梨标准化产业示范基地共 300 亩，主推梨 Y 字形及梨顺行双臂式小平棚生产技术，以标准化、精品化栽培和品牌建设宣传为切入点，打造围绕翠云廊景区的农业休闲观光园，以水果产业带动农民增收脱贫。

用市场之手牵引帮扶之手。浙江—广元扶贫协作的一大特色即“用市场之手牵引帮扶之手”。一是吸引浙商来广元投资建厂。许多浙江企业在浙江—广元扶贫协作理念的指引下，在广元市投资建厂。1996 年至今，浙江累计为广元市引进企业 422 家，项目总投资 460 亿元，累计交税 30 亿元，解决群众就业 2 万余人。其中娃哈哈、中哲集团等一批企业带动了当地的特色产业发展。二是引入浙江资源惠及广元贫困群众。浙江省在农业产业化发展方面有丰富的经验，在浙广对口协作县区，将浙江资源引入广元市受扶县（区）的农业产业，使扶贫协作成果惠及千家万户。蜂蜜是昭化区的特色产业之一，依托浙江—广元扶贫协作，昭化区和浙江龙泉签订了框架协议，龙泉协助昭化区成立蜜蜂养殖协会和专业合作社，免费向贫困户发放蜂箱和蜜蜂，教授技术，保底回收蜂蜜，让贫困户没有后顾之忧。

4. 优势互补、产业互益，增强产业持续发展动能

广元市抢抓发展机遇，借助浙江省资金、技术、市场、人才、信息等方面优势和管理经验，坚持“优势互补、产业互益”原则，持续增强广元产业发展动能。

其一，依托广元资源禀赋，选择合适产业类型。农业产业发展中，依托广元市已有的农产品种植特点和自然条件，选派浙江省专家团队来广元进行技术指导，淘汰旧品种、改良新品种，如朝天区大滩镇的火龙果种植基地。2018 年，借台州路桥区—广元市朝天区对口帮扶的东风，风雷村也想发展自己的特色产业。浙江专家来勘测之后，认为土质适合种水果，风雷村的村委干部一行人前往浙江路桥考察学习。“去路桥看了很多，但感觉不太适合我们这里种，后来了解到火龙果生长习性，它的投资成本相对比较低，产品价格高，产量也高，还是有优势。”风雷村赵支书如是说。经过土地勘测、路桥专家技术指导、路桥资金支持，风雷村投资 80 万元，建起了 13 个火龙果种植大棚。其中火龙果苗是路桥区提供的，技术也是来自路桥区。问起产量如何，李书记很自信地说：“2019 年是第一年，产量不高，但是我们预计 2020 年可产 8 万斤火龙果，有几十万元收入。”我们问及销路，李书记答：“借助路桥老板的平台销往四川等地，这个也不愁！”

其二，共建电商协作平台，拓展产品销售渠道。浙江—广元扶贫协作之前，广元市各县区的农产品销售方式均较单一。在销售旺季，由于销售渠

路桥—朝天农特产品直营店（路桥）

道受限，广元市无法将优质的农产品对接到更广阔的消费市场。浙江协作市、县（区）有着丰富的电商服务经验，通过扶贫协作，广元与浙江共建电商协作平台，广元市借助平台将产品卖到了浙江，为广元产品打开了浙江市场大门；浙江专家定期来广元为农民讲授电商直播课程。广元市苍溪县高水平建设“三个中心”，即扶贫产品营销服务中心、加工中心、招商中心，推行“线上大数据+线下小伙伴”产品营销模式，整合苍溪县“中国红心猕猴桃之乡”和台州市三门县“中国小海鲜之乡”两块农业金字招牌，两地携手举办“海誓山盟·永结同心”苍溪红心猕猴桃、三门小海鲜网络推介活动，销售苍溪红心猕猴桃、苍溪雪梨等扶贫产品600万公斤4600万元，带动4000多贫困人口稳定增收。广元市昭化区为了进一步拓展产品销售渠道，通过线上线下相结合的方式，携手知名电商平台，壮大实体店铺，将一系列精深加工产品销往全国各地。“下单、包装、运送……”在昭化区中药材协会，电商销售负责人正通过自建的电商平台来处理来自浙江的订单，随即2000袋茯苓富硒面将装车运往浙江。

其三，产品输出——东西部协作“浙江馆”。东西部扶贫协作作为中国特色贫困治理体系的重大创新，已经成为推动区域协调发展、协同发展、共同发展的关键举措，同时也成为实现先富帮后富、最终实现共同富裕目标的关键路径。在浙江—广元扶贫协作中，从浙江出发奔赴各地的挂职干部努力走在前列，结合当地实际情况，发展特色产业，聚焦精准扶贫、精准脱贫。在四川广元，农村电商带动大批贫困户实现增收，为老百姓辟出脱贫致富的新路子。东西部扶贫协作—浙江扶贫馆把深藏在大山深处的农产品通过扶贫电商平台进行展现，爱心人士每购买一次浙江扶贫馆的商品，均会为深度贫困地区的农户们带去一份增收脱贫的希望。

案例

苍溪县案例——搭设大展台推动农产品出山

广元市苍溪县地处四川盆地北缘，大巴山南麓，嘉陵江中游，农特产品种类多、产量大、品质优。受制于大山交通不便、信息相对闭塞、销售渠道不畅等因素，“深山的闺女也愁嫁”，如何拓宽销售渠道，让大山里产出的优质绿色农特产品走出大山，是一个亟待破解的难题。

一是建供给站。紧跟四川省创新扶贫产品销售体系促进精准脱贫的意见步伐，在东西部协作产业园内率先建立扶贫产品营销服务中心，实现政府与市场携手、生产与销售对接、好产品与好价位匹配。统筹布局县乡村三级扶贫产品收购配送站点270个，建成乡（镇）村冷库339个，购置冷链物流运输车60辆，协调12家物流快递企业开通6条物流配送专线。开展苍溪特色农产品认定服务，将县内优质农产品成功申报省级扶贫产品公益性集体商标，帮助40家企业70个产品获得了“四川扶贫”商标使用授权。

二是门店直销。2019年7月，苍溪、三门两县投资30万元，在三门县海游街道办事处湫水大道租赁商铺作为门店，集中展销八大品种72类苍溪特产，并涵盖“广元七绝”和部分阆中特产，累计销售额达600万元，带动苍溪贫困户实现户均增收600元以上。通过构建一张网的产品供销体系、一条龙的物流配送体系和一把尺的质量监管体系，为农产品营销提供综合服务平台。

三是商超直供。苍溪与三门两地政府多次牵线搭桥，与三门、丽水、台州、杭州大型超市建立销售供应合作关系，设立消费扶贫专柜、专区。在北京农特产馆搭设200平方米的首农双创苍溪特产馆，采取主题推介方式，将苍溪的大米、菜籽油、猕猴桃等农特产品直供中直机关、中国建设银行等单位职工。

四是构建主题展销通道，塑造强品牌。扶贫协作“结亲”后，两县整合苍溪“中国红心猕猴桃之乡”、三门“中国小海鲜之乡”两块农业金字招牌，共同举办第五届、第六届三门青蟹节和第四届苍溪红心猕猴桃采摘节网络营销活动，以“互联网+农产品”模式为指引，以“山海之约、邂逅三门”为主题，牵起“山珍”与“海味”的跨界缘分。2020年举办苍溪县扶贫产品广州、宁波专场推介会，累计销售额2000余万元。

川浙合作产业园

（二）产业重新布局：共建“6+1”工业产业园

浙江—广元扶贫协作以来，两地形成了“湖州市吴兴区对口帮扶青川县，台州市路桥区帮扶朝天区，台州市仙居县帮扶旺苍县，台州市三门县帮扶苍溪县，丽水市莲都区帮扶剑阁县，丽水市龙泉市帮扶昭化区”的结对关系。广元市充分发挥比较优势，以造血为主线，坚持做优做强共建产业园区，通过产业精准定位、出台优惠政策、创建扶贫资金池、布局一县一园区，助推广元市工业跨越发展。

1. 产业精准定位，携手共建产业园区

浙广紧扣广元市发展规划，把握产业导向，携手共建产业园区。

（1）共建园区

共建园区即共建“6+1”工业产业园，“6”即6个受帮扶县区“一县一园区”、市本级“浙川合作产业园区”。浙江各帮扶市、县（区）投入东西部扶贫协作资金，撬动受帮扶县区项目资金，共同在6个受扶县区建设1个不少于1000亩的工业产业园区，即“三门—苍溪”“仙居—旺苍”“莲都—剑阁”“吴兴—青川”“龙泉—昭化”“路桥—朝天”6个县级合作产业园；共同拓展提升川浙合作产业园1个市本级园区。截至2020年，浙江省累计投入帮扶资金3.3亿元（其中川浙合作产业园2亿元），撬动各受扶县区项目资金近8亿元，建成园区1.6万亩，三年间招引58家企业落户园区，总投资163亿元，提供就业岗位2500余个，解决贫困人口就业267人。

市本级的川浙合作产业园是“5·12”汶川特大地震后，浙江省委、省政府为积极响应党中央、国务院关于“一省帮一重灾县”的号召，在广元经济技术开发区袁家坝为对口援建青川县灾后重建集中打造的广元市首个“飞地工业园”，是浙江省对青川县恢复重建、产业帮扶、富民发展的示范基地。园区于2008年11月5日开工建设，经过10余年的建设，园区修建标准厂房15.5万平方米，面积已拓展至近5000亩，并配套建有完备的道路、水、电、气、运及污水管网等配套工程，可实现企业“拎包入住”。按照全市产业发展规划，川浙合作产业园主要布局发展铝产业及相关物流配套产业，附属配套发展机械电子及新材料产业，至2020年林丰铝电、中孚铝材、安驭轮毂、蜀塔电缆、久达新材料、国盛环保等84家（含甬川钢构、浙元新材料、营益包装、思达客车等浙江籍企业9家）企业入驻园区，其中规模以上工业企业52家，国家级高新技术企业10家（安驭轮毂、恒太铝业、广融科技、元泰达新材料、恒大铝业、博锐精工、中车复合材料、瑞峰新材料、钰萌光电、联动机械），省级工程技术研究中心1家（四川省泡沫铝及其复合材料工程技术研究中心）。2019年园区实现工业总产值180亿元，上缴税收1.2亿元。园区从最早8家企业入驻到现在的84家企业入驻，从建成初期的年2.5亿元产值到2019年的180亿元产值，在这块近5000亩的“飞地园区”上，灾后恢复重建和产业振兴取得了巨大成就。

（2）共谋产业

共谋产业即东西部扶贫协作以来，浙川两省携手找准产业定位，全力推动区域协调、协同发展。两省围绕食品饮料、新材料、清洁能源化工、机械电子、建材家居、生物医药六大特色优势产业深化合作。广元市引进一批能够推进广元工业转型升级、提升品牌创新、增强核心竞争力的企业，推动广元工业产业延链、补链、强链。依托川浙合作产业园，加大项目招引力度，加强基础设施建设，扩大川浙园区规模，打造浙江—广元产业合作示范园区。三门—苍溪产业园重点发展以机电、制鞋、眼镜为主的轻工制造业；仙居—旺苍产业园重点发展绿色家居产业；莲都—剑阁产业园重点发展新能源、新材料产业；吴兴—青川产业园重点发展机械制造、汽车配件产业；龙泉—昭化产业园重点发展绿色家居、食品饮料产业；路桥—朝天产业园重点发展农产品加工、食品饮料产业。

2. 以特色为依托，推动“一县一园区”布局

广元市各县区依托自身资源和产业特征，形成“一县一园区”“一县一主业”布局。

六个县区特色产业园区

序号	帮扶县（市、区）	受帮扶县区	园区特色产业
1	三门县	苍溪县	机电、制鞋、眼镜为主的轻工制造产业
2	仙居县	旺苍县	绿色家居产业
3	莲都区	剑阁县	新能源、新材料产业
4	吴兴区	青川县	机械制造、汽车配件产业
5	龙泉市	昭化区	绿色家居、食品饮料产业
6	路桥区	朝天区	农产品加工、食品饮料产业

（1）“三门—苍溪”东西部扶贫协作产业园

三门—苍溪东西部扶贫协作产业园以机电、制鞋、眼镜为主的轻工制造产业和天然气综合利用产业为主导产业，园区总面积 1500 亩。广元市苍溪县与浙江省台州市三门县的 5 个驻外招商办开展联合招商活动，重点开展眼镜产业的招商。三门县组织招商引资代表团到苍溪县实地考察，围绕协作产业充分开展交流和探讨，提出了两地错位发展眼镜产业的方案，联合编制《浙（三门县）川（苍溪县）扶贫协作三年规划》《四川苍溪经济开发区东西部扶贫协作产业园规划》和年度工作清单、责任清单，签订《三门·苍溪关联产业扶贫协作备忘录》《共建东西部扶贫协作产业园合作协议》，明确合作内容、合作方式、保障机制等事项，出台了眼镜产业发展支持政策，两地从项目信息摸排、洽谈、签约，到落地开工建设等进行全方位合作。苍溪县和三门县先后在临海杜桥、杭州等地召开了眼镜产业推介会，大力推动苍溪眼镜产业的发展。苍溪县先后引进眼镜生产贸易企业 8 家，实现投资 4 亿元，产值 5 亿元，出口创汇 3000 万元，解决贫困户就业 80 人，人均年增加收入 8000 多元，带动 260 多人脱贫。

（2）“仙居—旺苍”东西部扶贫协作产业示范园

仙居—旺苍东西部扶贫协作产业示范园以现代家具及家居建材为主导产业，打造中国西部（广元）绿色家居产业城，园区总面积达 1024 亩。旺苍县学习浙江省台州市仙居县“最多跑一次”改革经验，提高园区建设、经营、管理等方面的服务能力。旺苍县利用仙居县的帮扶资金，投入 1110 万元建设了标准化厂房 6000 平方米，提高产业园的承接转移能力，确保招引企业按期入驻。旺苍县在抓好园区厂房建设的同时，充分发挥浙江、广元两地资源优势，实现资源信息共享，落实优惠政策，优化营商环境，通过线上线下招引适合旺苍县产业发展的企业落实落地并入驻园区。两地通过开展劳务协作专场招聘会，签订意向用工协议，针对企业岗位需求开展技能培训，优先解决企业用工及建档立卡贫困户务工就业。

（3）“莲都—剑阁”东西部扶贫协作共建产业园

莲都—剑阁东西部扶贫协作共建产业园以新能源、新材料为主导产业，园区总面积1000亩。剑阁县充分利用浙江民营经济、开放经济等优势，牢牢把握浙江产业转移新机遇，把剑阁县的生态优势、资源优势转化为剑阁县经济发展的优势，积极推进园区共建新模式，探索工业带贫新途径。一是采用股份合作模式，由剑阁县国投公司融资、莲都区帮扶资金入股，规划园区300亩，落地浙江企业5家，实现产值3亿元。二是采用“一企一策”方式，吸引浙商企业等东部企业落户剑阁县。总共建设四川区域总部经济、剑阁县摇铃风电场送出过渡工程项目、凤栖湾生态农业综合开发项目、年产30万吨合成公路新材料项目、中药材瓜蒌等项目。

（4）“吴兴—青川”东西部扶贫协作特色产业园

吴兴—青川东西部扶贫协作特色产业园以机械加工、装备制造等行业为主导产业，园区总面积1000亩。浙江省湖州市吴兴区出台了《引导和支持浙江扶贫协作企业来青川投资十条政策》《吴兴区助力青川县东西部扶贫协作的若干政策意见》，在土地、税收等方面给予企业多重优惠，通过共建产业园、强化产业链配套等路径，更好地带动两地产业提质增效。吴兴区城投集团投资建设吴兴—青川东西部协作示范产业园，带动产业投资5亿元，解决了500余建档立卡贫困人口就业。在推动东西部扶贫协作进程中，吴兴青川两地实施帮扶项目81个，投入资金1.47亿元，惠及青川县贫困群众1.1万人次。使用浙江东西部扶贫协作帮扶资金1.35亿元，精准实施项目68个，惠及贫困人口2.2万人次。此外，吴兴与青川共同制订了《吴兴区与青川县合作招商行动方案》，建立了“联合招商”协调机制，招引落地企业13家，总投资12.87亿元，推动援助模式从“输血式”向“造血式”转变。

（5）“龙泉—昭化”东西部扶贫协作小微企业创业创新产业园

龙泉—昭化东西部扶贫协作小微企业创业创新产业园位于元坝镇杏树村，以绿色家居、食品饮料加工业为主导产业。园区总投资 5100 万元，建设了 6 栋 20200 平方米的标准化厂房。为更好地推进东西部扶贫协作战略，昭化区建立了“招商小分队”，与浙江省丽水市龙泉市的商会、企业积极对接，大力宣传昭化区优良的营商环境。昭化区以产业园为平台，与龙泉市建立联合招商机制，龙泉市商会负责推荐企业，“招商小分队”负责洽谈，实现信息共享、共同参与。昭化区最终形成了园区共建、政策互通、招商协同、利益共享的机制，一方面，出台昭化区和龙泉市扶贫协作招商引资优惠政策；另一方面，两地在招商引资工作中共同发力，逐步形成以食品饮料主导的优势产业，为东部企业在扩大规模、释放产能等方面提供良好的平台。

龙泉—昭化东西部扶贫协作小微企业创业创新产业园

（6）“路桥—朝天”东西部扶贫协作共建产业园

路桥—朝天东西部扶贫协作共建产业园规划总面积4.05平方公里，主导发展新型建材、农产品及食品饮料加工、塑品制造产业。2018年以来，园区累计投入基础设施建设资金3.2亿元，入驻企业52家，规模以上企业28家，承接东部产业转移项目7个，总投资8.2亿元。2018年以来，浙江省台州市路桥区和朝天区开始探索工业产业扶贫新模式，采取合作建设工业产业园区方式，两地通过做大“二产”带动“一产”激活“三产”，着力增强产业发展内生动力，提升群众自我发展能力，推动扶贫协作由“输血式”向“造血式”转变。朝天区规划引领建平台，将七盘关石材城、七盘关农产品加工园、大巴口工业园、羊木工业园整体纳入共建产业园规划，将基建产业园作为产业转移承接平台，不断增强东西部扶贫协作产业项目承接能力。路桥—朝天东西部扶贫协作共建产业园稳定解决就业500余人，带动贫困人口2400余人、年人均增收1000元以上。

案例

三门—苍溪：同念产业富民经　共绘园区崛起图

产业园区作为产业集群的重要载体和组成部分，对于推进东西部扶贫协作走深做细、推动脱贫攻坚高质量发展具有重要的支撑作用。2018年以来，四川省苍溪县和浙江省三门县瞄准这一协作平台，按照“政府主导、企业主体、市场运作、互利共赢”的共建合作原则，形成了互利互惠、双方共赢的格局。苍溪县的具体做法如下：

找准资源互补结合点。三门县地处中国“黄金海岸线”中段三门湾畔，境内拥有橡胶和塑料制品业、电气机械和器材制造等特色优势产业，规模以上企业200余家，由于空间有限，企业亟须对外发展及拓展市场。苍溪县位于成都、重庆、西安、兰州的几何中心地带，区位优越、资源丰富、空间广阔、水陆交通便捷，亟须导入先进制造业加快发展带动就业实现脱贫。据此，两地找准结合点，谋划共建产业园区，形成产业融合互补、扶贫协作共进的战略愿景。

制定协作建园任务书。根据两地工业产业发展现状及特点科学谋划，联合编制《浙（三门县）川（苍溪县）扶贫协作三年规划》《四川苍溪经济开发区东西部扶贫协作产业园规划》和年度工作清单、责任清单，签订《三门·苍溪关联产业扶贫协作备忘录》《共建东西部扶贫协作产业园合作协议》，明确合作内容、合作方式、保障机制等事项。

打造产业融合根据地。主动对接东西部产业园建设项目，采用PPP模式，采取联手共建产业基地、扶贫车间等方式，规划建设1500亩、总投资10亿元以上的“三门—苍溪”东西部扶贫协作产业园，分三期建设完成，已完成园区扩面工程，建成标准化厂房9万平方米。并以此为平台，重点引进橡胶和塑料制品业、电气机械和器材制造等先进制造业企业。目前入驻企业23家，其中来自东部地区企业18家；2019年实现工业产值近4亿元、出口创汇620万美元、税收900余万元，被命名为四川省小企业创业示范基地。

下一步，苍溪县将携手三门县，继续在产业帮扶合作上求突破，鼓励引导苏浙沪等东部沿海发达地区的绿色生态类优势企业和重点企业合理布局苍溪县。

3. 政策支持、招商引资，优化融资投资环境

广元市健全与完善浙江工业企业来广元投资支持政策，在东部大力开展招商引资推介会，促成中孚电解铝项目、林丰电解铝项目、西奥电梯项目等多个重大产业项目落户。

（1）出台优惠政策

广元各县区出台产业合作优惠政策。广元市出台《浙江扶贫协作企业来广投资支持政策的通知》，在税费、财政、投资与融资、用地保障、服务保障等方面给予政策支持。昭化区制定出台《浙江扶贫协作企业来昭投资支持政策》。朝天区因地制宜出台了《浙江省扶贫协作企业来朝天区投资支持办法》，这一优惠政策涉及税收、金融、土地、服务、要素保障、优惠补贴等多方面，为东部企业来朝天区投资提供了优惠条件。苍溪印发《浙江企业来苍投资支持政策》，推行“妈妈式服务”和“最多跑一次”，实行“全程代办、一项一人、一张清单跟到底”的方式，为企业高效落地保驾护航。旺苍县建立和完善了产业项目库，制定出台了《浙江扶贫协作企业来旺苍投资支持政策》，吸引东部地区企业来旺苍投资建厂。青川县充分发挥桥梁纽带作用，制定了《引导和支持浙江扶贫协作企业来青川投资十条政策》，精准储备招商引资项目 27 个，计划引资 128 亿元，引导东部企业 7 家到青川投资兴业。剑阁县制定了《浙江扶贫协作企业来剑阁投资支持政策》，通过土地、税收、财政、金融等优惠政策吸引浙江企业到剑阁投资。

浙广联合产业优惠政策叠加。除了广元市落实国家、省、市出台的系列减税降费、产业扶贫优惠政策之外，浙江省帮扶县（市、区）也出台了各项保障优惠政策，两地联合出台政策，极大发挥了政策叠加效应。浙江省湖州市吴兴区推动“吴兴—青川共建产业园”建设投产的同时，也制定出台了《引导和支持浙江扶贫企业来青川投资十条政策》《吴兴区助力青川县

产业扶贫的若干意见》，在土地、税收等方面给予来广元市落户企业诸多优惠。广元市开辟了重大项目来广元落户“绿色通道”，积极推进工业用电、用水、用气等价格综合改革。青川县和浙江省湖州市吴兴区联合制定招商行动方案，积极搭建招商平台，共同招商引资，为落户企业提供保姆式服务，全力营造重商亲商的良好氛围。

（2）招商引资先行

项目兴则经济兴，上项目必须招商先行。广元市借助东西部扶贫协作东风，在共建产业园项目中，将联合招商引资作为协作的重要内容，大力推介广元投资环境。

广元赴东部招商引资。2018 年以来，广元市赴东部地区开展招商引资推介会 5 次，大力开展宣传推介活动。通过浙广两地共同努力，广元全市共招引 58 家企业落户园区，总投资 163 亿元，园区落户项目包括投资 25 亿元的中孚高精铝材公司电解铝项目、投资 23 亿元的林丰铝电有限公司电解铝项目、投资 20 亿元的吉利集团装潢公司铝型材项目、投资 9.5 亿元的娃哈哈二期启力饮料基地，以及投资 7 亿元的西奥电梯项目等 5 个重大产业项目，预计年产值 400 亿元，税收达到 8 亿元，提供就业岗位 5000 个。

浙广联合招商引资。“6+1”共建产业园规划建设以来，浙广两地通力合作，通过调研、协商、洽谈，联合制定出台多项政策，为两地联合招商引资奠定坚实基础。在广元市成功召开了浙川扶贫协作现场推进会暨项目签约仪式，签约项目 9 个、金额达 78 亿元。在浙江省台州市成功召开了广元—台州东西部协作项目推介会，参会企业 100 余家。吴兴区与青川县通过联合招商，挂牌成立吴兴区城市投资发展集团驻青川分公司，即青川吴兴建设发展有限公司，由吴兴区城市投资发展集团选派专业技术人才常驻项目地，主动靠前站、马上办、讲实效，为项目提供优质、高效的服务，及时协调解决项目建设中的问题。

林丰铝电

案例

苍溪—三门优势抱团联合招商产业协同联动发展

一是成立工作专班，打造精锐力量。2019 年 7 月，苍溪县商合局和三门县投资促进中心签订《东西部扶贫协作三门·苍溪联合招商引资合作协议》，成立联合招商工作领导小组，充分利用三门县已成立的四个驻外招商办公室，组建北京、上海、杭州、深圳四个联合招商工作专班，有序推动工作开展。联合举办“扬解放思想之旗、谋联合招商之策”主题业务知识交流讲座，通过专题学习、集体讨论、案例研究，帮助两地招商人员熟练掌握苍溪和三门的区位和环境优势、产业特点、发展规划、现有要素、优惠政策等，针对性提高招商实战能力。

二是定期联席协商，明确工作重点。定期由双方发改局牵头组织，轮流召开由发改局、经信局、经开区、商合局等有相关部门负责人参加的联席会议，研究加强合作和协调解决合作中的重大事项，制定招商路线图，实行一企一策，共同洽谈对接，促进项目签约。今年5月，苍溪县副县长何兴旺带队到三门县召开联合招商部门联席会议，共同制订完善年度联合招商工作计划，形成了一系列联合招商方案。

三是建立协作机制，推动工作落实。本着“政府主导、产业互补、互利共赢”原则，签订《三门·苍溪联合招商引资合作协议》和《共建东西部扶贫协作产业园合作协议》，统筹抓好招商引资合作机制的建立，明确工作目标、任务、分工等具体事宜，加快推进两地产业协同发展。联合建立领导分包、项目分包责任落实制度，积极协助跑办有关审批手续，做好跟踪服务，定期对重点推进的项目进行综合调度，协调项目的土地、规划、环保等实际问题，全力护航项目早落地、早开工、早投产。

4. 创新利益联结机制，强化工业发展带贫

共建产业园是推动产业发展的重要支撑。广元各县区在推动共建产业园建设的同时，发挥产业园的带动辐射作用，创新建立各种利益联结机制，如建立扶贫资金池、延伸工业产业链，将贫困户与产业发展联结起来，实现脱贫致富、共同富裕的目标。

（1）建立扶贫资金池

广元市充分利用好浙江帮扶资金，全力筹集社会爱心企业、商会捐款资金建立“扶贫资金池”。

坚持长效帮扶。广元市每年将浙江方面投入园区建设帮扶资金的6%，主要用于公益性岗位开发、残疾人帮扶等。

优先惠及贫困户。广元市将入园企业优先录用建档立卡贫困户作为企业享受园区优惠政策的前置条件，引导企业更多地招用贫困人口。创立“共建园区 + 企业 + 扶贫车间 + 贫困户”模式，积极吸纳贫困户参与园区建设及务工就业。

（2）延伸产业链

苍溪县建立“产业园 + 新型经营主体 + 贫困户”的生产经营模式。苍溪县通过集聚土地、资金、人才、技术等现代生产要素，推进一二三产业融合发展，建立“产业园 + 新型经营主体 + 贫困户”的生产经营模式，将区域内和易地扶贫搬迁安置区内的贫困村、贫困户纳入产业园建设，联村带户，带动连片增收扶贫。近年来，苍溪县累计注入东西部扶贫协作项目资金1080万元，新建红心猕猴桃种植基地10460亩，其中千亩以上产业园5个，带动贫困户建成户办产业小庭园891个，人均增收3460元，实现减贫3386人。通过项目带动，苍溪县全县新增红心猕猴桃种植基地6.2万亩，累计建成万亩以上现代农业产业园19个，其中，创建国家现代农业产业园1个、省级现代农业产业园8个、市级现代农业产业园10个，集中连片发展苍溪红心猕猴桃等特色主导产业23万亩。

旺苍县全力扶持贫中之贫。旺苍县依托产业园内14万平方米标准化厂房建设，每年将仙居县总投入资金的6%作为保底分红，成立建档立卡重度残疾人贫困家庭就业创业基金，专门用于帮助一、二级重度残疾人贫困家庭成员开展培训、就业以及创业补助，形成长效可持续的就业创业扶持机制。在园区建设过程中，旺苍县在同等条件下优先吸纳因残致贫的建档立卡贫困户和其他建档立卡贫困户在园区务工就业。

朝天区打通全产业链条。朝天区通过“企业劳动务工、项目建设务工、扶贫车间务工、农产品收购”4个利益联结机制，拓宽贫困群众增收渠道，带动贫困群众稳定增收。旺苍县按照投入的东西部扶贫协作资金6%的比例，每年从厂房租金中提取资金建立贫困户产业发展扶持基金。路桥—朝天共建产业园通过园区农产品加工业的发展，带动上游农产品种植和下游销售的发展，建立原材料种植基地、原材料收购网络、路桥朝天山珍销售网络，打通全产业链条，实现价值垂直整合。

案例

路桥—朝天扶贫协作——共建产业园案例

朝天地处秦巴山南麓、川陕接合部，是千年古蜀道、千里嘉陵江的交会地，是北向入川第一个县级政治、经济、文化中心，是四川北向开放的桥头堡，素有“秦蜀锁钥”“川北门户”之称，享有“栈道之都、养生天堂”之美誉。2018年以来，朝天区认真贯彻落实党中央国务院、浙川两省关于东西部扶贫协作系列决策部署，紧紧围绕创建东西部扶贫协作示范区目标，按照朝天所需、路桥所能，念好“山海经”，唱好“协作曲”，认真落实《“山海经”三年行动实施方案》，率先携手打造创建路桥—朝天共建产业园。朝天区的具体做法如下：

聚焦产业培育，强化园区建设。一是科学谋划率先启动。以内生动力培育作为长效脱贫的突破口，精准聚焦产业发展，于2018

年10月在全省率先谋定建设东西部扶贫协作共建产业园。园区总规划面积1000亩，可承接农产品加工项目30个，承载工业投资20亿元。二是项目整合统筹推进。整合多方项目，统筹东西部扶贫协作资金1600万元、涉农财政专项资金1270万元、产业发展奖补资金500万元，全力推进园区基础配套建设，着力提高园区承载能力。三是总体规划分期实施。采用“总体规划分期实施”方式，根据资金投入和园区企业入驻情况，分步推进园区建设，目前一期已实施场坪300亩，建设标准化厂房14000平方米、道路管网1000米。

聚焦共建共享，强化合作招商。一是平台共建。将路桥商人大会、中国塑料交易会、各地商会年会等招商平台共享，邀请朝天区在台州、路桥开展优势资源招商推介活动8次，招引项目10个，总投资58.6亿元。二是资源共用。邀请路桥区4个驻外招商组赴朝天考察，合力组建招商队伍。三是政策共享。充分利用朝天产业园区载体完善、农产品资源富集、劳动力成本低等优势，量身定制《东西部扶贫协作来朝天投资支持政策》等5类17项优惠政策，明确“最优惠”待遇。对签约项目实行“一对一”派驻项目秘书服务，提供“妈妈式”服务。

（三）因势利导发展农业特色产业

农业是一个国家国民经济的基础产业，广元市在浙江—广元扶贫协作中因势利导发展农业特色产业。依托广元市丰富的自然资源以及多元的气候和土壤条件，合理布局优势农业，推进“7+3”特色农业产业体系建设，形成了三大产业带，推动“绿水青山”转变为“金山银山”；依托现代农业园区、村特色产业示范园、户办产业小庭园，探索产业、主体、经营三园联动；协调种植空间，发展林下种植，探索出“种养结合、种林结合、农旅结合”新型农业种植模式。

1. 因地制宜，突出农业主导产业

广元市位于四川北部边缘，秦岭南麓，属于山地向盆地过渡地带，地势由北向南倾斜，山脊高差达3200余米；属于亚热带湿润季风气候，多样的地势特色使得广元市既有南方的湿润气候又有北方的艳阳高照，南部低山冬暖夏凉，北部山区冬寒夏凉。在南部不同的气候地理条件的影响下，广元市因势利导地发展特色农业，推进“7+3”特色农业产业体系，形成了三大产业带，各县区贫困户依托特色农业脱贫致富。

（1）合理布局特色优势农业

广元市以“7+3”特色农业产业体系为指导，依据最适宜区域布局最适

浙江龙泉赴广元昭化挂职干部现场带领农户采菇

生产的原则，合理划分特色产业种植区域，形成了三大产业带。

“7+3”特色农业产业体系。“7”指七大特色产业，包括广元富硒茶、苍溪红心猕猴桃、朝天核桃、道地中药材、广元山地蔬菜（山珍）、广元油橄榄、生态畜禽水产（生态猪牛羊、剑门关土鸡、“两湖”有机鱼）；“3”指三大先导性产业支撑，即现代优势特色农业种业、现代优势特色农业装备、现代优势特色农业烘干冷链物流。七大特色产业全链融合发展，夯实三大先导性产业支撑，形成特色鲜明的现代特色农业“7+3”产业体系。[①] 预计到 2022 年，广元市七大优势特色产业综合产值达到 850 亿元左右。

预计到 2022 年广元市七大特色优势产业产值

特色农业产业		种植面积（万亩）、产量（万只、吨）	综合产值 / 亿元
广元富硒茶		50	70
苍溪红心猕猴桃		50	100
朝天核桃		200	120
道地中药材		100	100
广元山地蔬菜（山珍）		110	110
广元油橄榄		20	10
生态畜禽水产	生态猪、牛、羊	480	220
	剑门关土鸡	8000	130
	“两湖”有机鱼	3500	5

数据来源：《关于加快构建现代特色农业“7+3”产业体系 推进特色农业强市建设的实施意见》。

① 资料来源：《关于加快构建现代特色农业“7+3”产业体系 推进特色农业强市建设的实施意见》。

合理划分重点种植区域。广元富硒茶主要生长在海拔 1200 米以下和酸性土壤中，因此重点布局在旺苍县、青川县；苍溪红心猕猴桃主要在海拔 600~800 米、酸性土壤中生长，因此重点布局在苍溪县、昭化区和剑阁县；广元山地蔬菜（山珍）主要在河谷平坝和海拔 800 米以上地区发展，河谷平坝有利于蔬菜山珍再加工，海拔 800 米以上有利于错季节种植露地蔬菜，因此主要布局在朝天区、利州区、昭化区、剑阁县和青川县；广元油橄榄主要在白龙湖、亭子湖库区发展，重点布局在青川县和利州区。生态畜禽水产主要在非禁养区域发展，全域发展生态生猪、剑门关土鸡产业；生态肉牛养殖主要在秸秆资源丰富的非禁养区发展，重点布局在苍溪县、剑阁县；生态肉羊养殖主要在草山草坡资源丰富的非禁养区域发展，重点布局在旺苍县、青川县、昭化区、利州区和朝天区；“两湖”有机鱼布局在白龙湖和亭子湖。

三大产业带。广元市在海拔 500~800 米的土壤中性偏酸区域形成红心猕猴桃产业带；在海拔 800 米以上区域重点发展高山露地蔬菜、道地中药材和特色林木产业，旺苍县、青川县优先发展富锌富硒茶叶，形成“高山绿色经作产业带”；在海拔 500 米以下区域集中发展稻鱼综合种养和水产生态养殖，形成“沟壑经济产业带”，“多点”布局发展剑门关土鸡、生态牛羊肉和优质生猪，“点状片状”发展休闲观光农业。

（2）依托特色产业带动农民脱贫致富

广元市位于长江上游，是长江上游的生态屏障，森林覆盖率达 57.47%。依靠得天独厚的生态优势，依托各地特色产业，广元市将“绿水青山”转变为“金山银山”，带动贫困户脱贫致富。

广元市朝天区利用自然禀赋，发展绿色生态农业，带动农民脱贫致富。朝天区的土壤和气候适宜核桃生长，如今核桃种植面积已达 44.6 万亩，年均产量 4.3 万吨，实现综合产值 25 亿元，带动核桃基地农民人均核桃收入

广元市特色农产品布局

<table>
<tr><th colspan="2">特色农业产业</th><th>生长、种植区域</th><th>重点布局县区</th></tr>
<tr><td colspan="2">广元富硒茶</td><td>海拔 1200 米以下、酸性土壤</td><td>旺苍县、青川县</td></tr>
<tr><td colspan="2">苍溪红心猕猴桃</td><td>海拔 600~800 米、酸性土壤</td><td>苍溪县、昭化区、剑阁县</td></tr>
<tr><td colspan="2">朝天核桃</td><td>全域</td><td>全域</td></tr>
<tr><td colspan="2">道地中药材</td><td>全域</td><td>全域</td></tr>
<tr><td colspan="2">广元山地蔬菜（山珍）</td><td>河谷平坝、海拔 800 米以上</td><td>朝天区、利州区、昭化区、剑阁县和青川县</td></tr>
<tr><td colspan="2">广元油橄榄</td><td>白龙湖、亭子湖库区</td><td>青川县、利州区</td></tr>
<tr><td rowspan="3">生态畜禽水产</td><td>生态牛、羊</td><td>秸秆资源丰富的非禁养区域、草山、草坡</td><td>苍溪县、剑阁县、昭化区、旺苍县、青川县、利州区和朝天区</td></tr>
<tr><td>生态猪、剑门关土鸡</td><td>全域</td><td>全域</td></tr>
<tr><td>“两湖”有机鱼</td><td>湖区</td><td>白龙湖、亭子湖</td></tr>
</table>

数据来源:《关于加快构建现代特色农业“7+3”产业体系 推进特色农业强市建设的实施意见》。

达 6000 元以上，产品远销全国 40 多个大中城市及韩国、日本、东南亚市场。除了核桃产业致富，种植绿色高山蔬菜发家致富的农户在朝天区数不胜数。朝天区蔬菜年收入 10 万元以上的超过 200 户，年收入 5 万元以上的超过 1000 户，年收入 2 万元以上的超过 1 万户。“严大姐”“曾家山”“珍世源”等蔬菜商标如雨后春笋般涌现。在特色农业产业的支撑下，广元整体连片特困面貌实现了根本性改变。[①]

① 张厚美:《绿水青山带笑颜》,《中国环境报》2019 年 9 月 11 日。

2.“三园联动”，创新农业共建格局

“三园联动”指现代农业园区、村特色产业示范园、户办产业小庭园。广元市“三园联动”格局创建由来已久，经过多年的摸索实践，在浙江—广元扶贫协作的新时期，又有了一定的创新，即实现三园产业、主体、经营联动。

（1）“三园联动”产业格局的发展历程

广元市“三园联动”模式的实践由来已久。20 世纪 80 年代，广元市苍溪县“六个一＋配套”庭院建设经验在全国推广。20 世纪 90 年代至 21 世纪初期，苍溪县“庭院经济”模式和“户办工程”经验享誉全国。2008 年，广元市抓住“5·12”汶川特大地震灾害重建机遇，在全省率先开展现代农业园区建设。多年实践证明，广元市现代农业园区建设的理念和做法，适应贫困山区自然条件，对应贫困山区经济状况，符合农业转方式、调结构的客观需要，在中国西部山区具有广泛的推广价值。2016 年，广元市为逐步消除村级集体经济“空壳村”，优先在有条件的村（社区）发展村级集体经济，通过建设村特色产业示范园发展壮大村集体经济，有效带动了贫困户发展特色产业。2016 年 11 月，广元市立足本地实际，首次提出“三园联动”助推产业扶贫模式，将现代农业园，村特色产业示范园、户办产业小庭园联动发展在全市范围内迅速推广应用。

（2）“三园联动”：产业、主体、经营联动

在浙江—广元扶贫协作的新时期，“三园联动”已经成为广元市发展现代农业产业和助力脱贫攻坚的有力载体。广元市形成了“县有支柱产业、乡有主导产业、村有骨干项目、户有增收门路”的产业发展格局，[①] 有效助推农民脱贫奔小康，助力乡村产业兴旺。“三园联动”具体表现为：产业联动、主体联动、经营联动，其中经营联动又包括利益联动。

① 杨悦、谢怡然、朱山川等：《三园联动助推产业扶贫模式广元探索实践》，《农业与技术》2018 年第 23 期。

广元市“三园”建设统计表

类别		广元市	利州区	昭化区	朝天区	青川县	旺苍县	剑阁县	苍溪县
三园建设/（个、户）	现代农业园区	92	10	11	11	10	17	16	18
	村特色产业示范园	1472	86	207	141	59	106	277	596
	户办产业小庭园	213510	9820	25063	12116	5917	41514	19831	99249
依托产业发展的人均收入（元/年）		3343	3100	3360	3100	3011	3000	3369	3800

数据来源：《三园联动助推产业扶贫模式广元探索实践》。

第一，“三园”产业联动。“产业联动”即三园之间产业互通，联动发展。产业选择要确保三园之间的产业相同或者高度关联，大力推进三产融合，实现园与园之间的产业联动，带动贫困户进入产业。

在浙江—广元扶贫协作中，苍溪县在浙江省三门县的帮扶下，大力推动以红心猕猴桃为主导的特色产业发展，使红心猕猴桃成为东西部扶贫协作的“第一产业”和带动群众脱贫奔小康的“黄金果”。苍溪县按照“建一个万亩产业园、连片增收过亿元”的思路，立足红心猕猴桃等特色主导产业优势，全县每年规划建设 2 个万亩以上现代农业产业园；按照“特色化、绿色化、优质化”的要求，在产业园覆盖不到的村，因地制宜规划建设村特色产业扶贫园，大力发展以红心猕猴桃为主导，苍溪雪梨、中药材、畜禽水产养殖、特色林果、种苗花卉、休闲观光旅游等为补充的特色产业，带动贫困村减贫脱贫；围绕“一人一亩自强园、增收脱贫超万元”目标，对

苍溪携手三门建成天新红心猕猴桃产业园

有发展意愿、发展能力的贫困户，激励他们建设自强脱贫增收园，自主创业增收脱贫。①

第二，“三园”主体联动。“主体联动”即大业主带动小业主。园区主体培育上推进“三园”生产、加工、经营主体之间交叉复合，构建“你中有我、我中有你”的相互融合平台，积极组建合作联合社和产业化联合体，促进大业主带动贫困户就业，促进农业产业有效对接市场。

① 资料来源：《坚持“三园联动”助推产业扶贫——浙川东西部扶贫协作助力苍溪红心猕猴桃产业扶贫》。

苍溪县通过集聚土地、资金、人才、技术等现代生产要素，推进一二三产业融合发展，建立“产业园＋新型经营主体＋贫困户”的生产经营模式，将区域内和易地扶贫搬迁安置区内的贫困村、贫困户纳入产业园建设，联村带户，带动连片增收扶贫。近年来，累计注入东西部扶贫协作项目资金1080万元，新建红心猕猴桃种植基地10460亩，其中千亩以上产业园5个，带动贫困户建成户办产业小庭园891个，人均增收3460元，实现减贫3386人。[①]

① 资料来源：《坚持“三园联动”助推产业扶贫——浙川东西部扶贫协作助力苍溪红心猕猴桃产业扶贫》。

第三，“三园”经营联动。“经营联动”有两个层面：一是园区之间经营联动。广元市引导现代农业园区和村特色产业示范园的带动主体，推动龙头企业、专合社等经营主体统一品种、统一生产资料、统一技术、统一品牌、统一销售、贫困户分户生产的“五统一分”模式，实现园园之间经营联动，带动贫困户提能、增强其自身发展能力。二是农户与园区之间利益联动。苍溪县按照“四有四到户”[①]模式，帮助贫困户建设自强脱贫增收园。苍溪县充分发挥新型经营主体的带动作用，引进培育工商资本和返乡创业人员领办东西部扶贫协作项目 13 个，发展规模以上龙头企业 1 家，领办红心猕猴桃专业合作社 12 家，采取“新型经营主体 + 基地 + 农户”合作经营模式，创新“四保 + 分红”利益联结机制，新型经营主体确保项目农户的土地租金、园区务工、订单收购、产业保险，并实行“二次返利”分红、股权收益分红，累计带动贫困户 850 户 3270 人，占项目覆盖建档立卡贫困人口的 97%。2018 年底，全县贫困户累计建成自强脱贫增收园 1.56 万个，人均实现产业收入 5600 元。[②]

2020 年，广元市 100 个现代农业园区带动建成“一村一品”特色产业示范园 1857 个、户办特色产业示范园 18.6 万个，带动小农户分享园区建设红利。在“三园联动”机制的带动下，广元市的农业产业向多样化、三产融合的方向发展，比如朝天区两河口现代农业园区，在以蔬菜为主导产业的基础上配套发展了休闲农业和乡村旅游；高山冷水鱼养殖带引进了中华鲟、金鳟等冷水鱼苗，培养了冷水鱼餐饮为主的休闲农庄；高山花卉科研示范区引进了百合、蔷薇、月季等种类的花卉苗木，配套建设游客

① “四有四到户”：“四有”即有 1 个年人均收入上万元的“自强园”、1 名技术明白人、1 条接组通村产业路、1 套旱涝保收水利设施。“四到户”即政策资金到户，经营主体“五统一分”到户，干部帮联到户，产业规划、生产技术、产品销售、技术培训到户。

② 资料来源：《坚持“三园联动”助推产业扶贫——浙川东西部扶贫协作助力苍溪红心猕猴桃产业扶贫》。

接待中心等。[①]

3. 协调发展，探索农业种植模式

浙江—广元扶贫协作中，广元市农业种植创新发展林下经济，创新林下经济发展模式。林下经济指以林地资源、林下空间和森林生态环境为依托，以林下种植、林下养殖、相关林产品采集和加工、森林景观利用为主要模式的复合生产经营，特点是充分利用林下和林间空间，不占用额外土地，投资经营周期短，又称其为“农林复合经营”。[②]广元市紧抓浙江—广元扶贫协作的契机，促进农业由“生产导向”向“消费导向”转变，依托本地资源禀赋、市场导向和政府引领，探索出适合本地的“种养结合、种林结合、农旅结合”三种模式。

（1）种养结合——昭化“立体生态产业格局”

种养结合是一种结合种植业和养殖业的生态农业模式。广元市以本地区的农业生产资源禀赋条件为依托，在浙江协作县区的专家指导下，引导农民适应市场需求，合理调整农业生产结构，增加农民收入。与传统种植业和养殖业分离的模式相比，种养结合既可以减少环境污染，也可以节约肥水资源，更有利于新技术的推广。

广元市昭化区在种养结合中探索出了自己的特色。2018 年以来，浙江省丽水市龙泉市与昭化区建立了东西部扶贫协作结对关系，龙泉市先后在昭化区投入协作资金 6300 万元，实施扶贫项目 26 个，帮助昭化区构筑了立体生态扶贫产业格局——空中飞蜂、林下养鸡、坡上种药、地里种菌、稻田养鱼。昭化区磨滩镇借鉴丽水稻田养鱼先进经验，将山区下湿田传统的一季稻谷种植变为稻鱼、稻虾等多元种养，建成王磨片标准化稻渔综合种

① 蒋筱青:《“三园联动”推动现代农业发展》,《四川党的建设》2019 年第 5 期。

② 张超群、王立群、薛永基:《林下经济发展的驱动机制研究——来自 13 县 448 户农户调查的实证检验》,《经济问题探索》2017 年第 7 期。

养示范区6000余亩，实现了亩产千斤稻、亩增2000元，达到一水两用，稻渔双收的成效，成功助推昭化区跻身“国家级稻渔综合种养示范区”。每年9月，磨滩镇都会举办“稻田抓鱼”比赛，届时村民、游客纷纷组成参赛队伍，兴致勃勃地进田抓鱼，推动了乡村旅游的同时，也为村民们增加了额外的收入。“每亩稻谷收入2000多元，再加上养鱼收入5000多元，4亩地的稻鱼收入近2万元，用心管理好田，基本上一年就全面脱贫了。”磨滩镇村民如是说。

（2）种林结合——苍溪“四层立体林下高效种植模式”

种林结合即果树种植和中药材种植套种的一种立体格局，苍溪县农业发展探索出“四层立体林下高效种植模式”。猕猴桃是苍溪县“三大百亿产业”之一，目前总面积达40.6万亩。与之并肩的另一个“百亿产业”——中药材种植，也靠着科技支撑正飞速发展。苍溪县岐坪镇三江村四川苍药中药材有限公司良繁基地里，“四川省科技扶贫产业发展示范基地”“四川省中药材规范化规模化种植重点培育基地”牌子非常醒目。大棚里20多个工人正在移栽金果榄幼苗，露天地里的白及苗叶脆嫩，黄精、石斛等药材苗正抽枝发芽。苍药公司与重庆药物研究所、四川农业大学、成都中医药大学等机构建立合作关系，建起150亩育苗炼苗基地，进行品种选育、培育。结合苍溪独特的自然资源，采用“四层立体林下高效种植模式”：第一层种植皂角树，第二层在皂角树上寄生铁皮石斛，第三层种植红心猕猴桃，第四层种植白及，突破了传统种植模式，使一亩土地变多亩收入。苍药中药材有限公司已建立了濒危名贵中药材种苗繁育科研基地300亩，年生产中药材种苗2000万株，年产值3000万元，在10个不同海拔区域建成2800余亩科技实验基地，开展了6种栽培模式的实验园区，攻克了白及、黄精分苗技术难关，基地总面积达3100余亩。苍溪县白鹤乡中药材产业示范园和旺苍县三江核桃产业示范园成为“药材＋经果林”的复合型模式。

（3）农旅结合：磨滩镇“川北最美渔村”

绿色、环保和贴近自然的生产生活方式，是广元市发展林下经济的特色。农旅结合最重要的因素就是自然景观和基础设施，这是相关旅游业的着力点。广元市各县区借力红色旅游区、现代农业园区、农业主题公园、休闲农家乐等载体，依托受扶县（区）和帮扶县（市、区）所长打造了茶园观光区、果蔬采摘体验园，就地取材开发特色菜品，吸引了众多游客前来观光品尝。这些模式激发了农业产业“附加产值”提质增效，有效助力贫困户脱贫奔康。

广元市昭化区紧紧抓住浙江—广元扶贫协作契机，以贫困人口增收为核心，按照“转观念、建标准、延链条、强保障”的发展思路，大力发展山区稻渔综合种养产业，借鉴龙泉食用菌、金福茶叶等产业赋予产业发展文化内涵的基本思路，深挖稻渔综合种养生态价值、文化价值，以“稻香鱼跃，醉美百胜”为主题，在磨滩百胜核心示范基地建起了1500平方米的稻渔广场，景观池塘、步游道等配套设施应有尽有，着力将磨滩镇打造成为“川北地区最美渔村”。昭化区依托万亩稻渔综合种养核心区，着力打造了一批有机稻认购、生态稻渔休闲垂钓、农家餐饮娱乐三位一体的休闲观光产业集群，不断提高稻渔综合种养产业的附加值。

通过对广元市东西部扶贫协作中农业种植模式的创新方式进行简要分析，我们可以发现，在广元市发展林下经济的过程中，广元市县区镇（乡）村、自然资源、人力资源、技术、合作社组织、引进公司、合作单位、游客、村民等因素在其中发挥重要的驱动作用，上述因素又可划分为三类：内部条件因素（农业种植条件、人力资源条件），外部环境因素（市场环境、自然环境），中介因素（政府、各类组织）。

4. 协作发展，创新农业组织方式

农业产业组织方式中的协作发展体现在东部经验与广元实践协作发

展，在此基础上，按照“公司＋基地＋村集体＋贫困户”的组织模式，各县区又有自己的创新发展，如张华镇凤凰村枇杷产业带贫减贫延链模式和青川县中蜂养殖经营模式。

（1）旺苍县张华镇凤凰村枇杷产业带贫减贫延链模式

2017年以来，旺苍县张华镇抢抓浙江省台州市仙居县对口帮扶旺苍县的契机，结合本地自然资源禀赋和产业基础优势，延链扶持发展“一村一品”特色农业产业。

凤凰村通过坚持“东西部扶贫协作项目＋村集体经济组织＋农业专业合作社＋产业基地＋农户＋电商”的带贫减贫延链模式，采取入股经营、土地流转、托管服务、园区务工、电商营销等方式建立稳定利益联结。全镇东西部扶贫协作项目总投资228.6万元，其中凤凰村有190.9

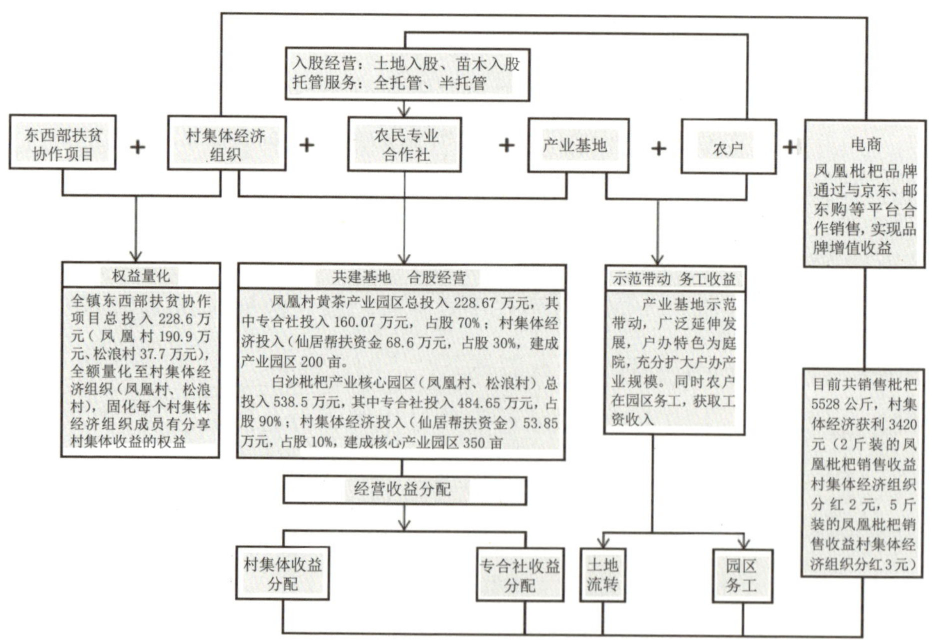

张华镇凤凰村枇杷产业带贫减贫延链模式

万元，全额量化至凤凰村集体经济组织，固化每个村集体经济组织成员有分享村集体收益的权益，全额将东西部扶贫协作产业项目扶持资金量化到村集体经济组织，由村集体经济组织投资入股到农民专业合作社，合力建设特色产业基地，示范引领农户建设户办微庭院，充分拓展东西部扶贫协作产业项目规模效应。同时旺苍县张华镇扶持组建电商示范平台，与京东合作，增强电商营销增值收益。张华镇积极开展网络直播、挂牌认购、现场采摘等活动，多途径拓展农民增收渠道，延长增收链条，助力脱贫奔小康。

（2）青川县中蜂养殖创新经营模式

青川县创新“企业 + 专合社 + 集体经济 + 贫困户”的发展模式。以青川县瓦砾乡上河村中蜂产业园为例，川申农特产开发有限公司入驻园区之后，成立了蜀蕊蜂业专业合作社上河村分社，村集体以集体资金入股 10 万元，53 户贫困户以产业发展资金合计入股 15.9 万元，购置了 400 套蜂箱和蜂种；企业以技术、销售服务等入股。生产过程由合作社统一提供技术管理，村集体负责监管，吸纳有能力的贫困户入园务工。产品经检验合格后，公司按“保底价 + 协议价”进行收购；收购资金全部交予合作社分配（公司不参与该部分分红）。公司收购产品后经加工、包装上市销售，从第二年开始，公司将销售净利润的 5% 向合作社返利，村集体经济和贫困户按股进行二次分红。该模式通过建设“产业托管”基地，既解决了部分贫困群众缺劳力、缺技术、缺销售渠道的问题，又使贫困村集体经济得以发展壮大，同时减轻了企业的资金压力、细化了市场分工，满足了企业规模化发展的需求。

5. 利益联结，促进农户长效增收

理想状态下，现代农业经营体系中各利益相关方应该呈如下关系：在农业生产的产前、产中、产后及其他关联环节发挥各自的比较优势，在相互的索取与付出中建立紧密的共生关系，最终实现各自的帕累托最优。[①]浙江—广元扶贫协作中，广元市积极引导农户和项目业主建立稳定利益联结机制，通过“股权量化＋保底分红＋务工增收＋直补到户＋飞地扶贫＋按股分红”方式，实现贫困户获得土地租金、务工薪金、分红股金、发展现金，保底分红、委托经营、集体分红等利益联结模式，促进贫困户长效增收。例如，旺苍县在枇杷种植中采用托管到户的方式，苍溪县则创新推出“四折两保＋分红”机制，青川县采用“道德积分＋分红”方式。

（1）旺苍—仙居——农户托管

托管模式作为实现规模经营的路径，既实现了土地承包权和经营权的分离，又优化了资源配置、降低了生产成本、提高了土地产出率，助推托管户增收；既解决在家剩余劳动力就业问题，又保障农民外出务工、家中产业发展两不误，是一项构建农业社会化服务体系的有益探索和创新举措。[②]浙江台州市仙居县与四川广元市旺苍县在东西部扶贫协作中，发挥两地比较优势，引进仙居杨梅、仙居鸡、白沙枇杷作为旺苍的特色农业产业。在特色农业发展中，农户采用全托管和半托管的方式加入农民专业合作社。

全托管模式是农户将土地、苗木、鸡苗全权托管给合作社，合作社将土地整合集中统一管理，管护所需的肥料、除草、药物等费用都由合作社负责，合作社组织在家的剩余劳动力在杨梅、枇杷树下种植海椒、黄豆、夏枯草等经济作物，林下经济抵扣农户须交纳的托管费用，并获取销售差价利润，实现零费用托管。全托管适于集中成片、规模较大的核桃面积管理，且能逐步推广被小面积散户接受，可实现相对的连片耕作和规模生产，易于统一管护作业。

① 唐薇:《现代农业经营体系利益联结机制构建》,《农业经济》2020 年第 4 期。

② 范彬、赵家国:《苍县核桃托管模式发展初探——以黄花山核桃专业合作社为例》,《四川林业科技》2017 年第 3 期。

半托管模式又称订单式托管，农民专业合作社与贫困户协商签订托管协议，组织专合社技术人员进行苗木修枝、土地施肥、鸡苗管护等技术服务。半托管是小面积杨梅、枇杷种植户和仙居鸡散户普遍采用的模式，能够有效破解单位产出效益低、散户经营成本高的难题。

（2）苍溪—三门——四折两保 + 分红

在东西部扶贫协作农业产业项目推进过程中，苍溪县按照“支农资金普惠群众，扶贫资金精准扶贫”的思路，召开村民代表大会（一户一人），同受益产业经营主体民主议定财政支农资金股权量化方案，探索推行“四折两保 + 分红”的利益联结机制。

四折，即将项目总投资划分为四部分：20% 折算为村集体股，20% 折算为贫困户的扶贫股，10% 折算为村股份经济联合社发展股，50% 折算为农户产业发展股。

两保，即保障农户土地租金，村股份经济联合社每年按银行三年定存基准利率向贫困户保底支付利息。

分红，即将项目所得收益按照 2∶2∶1∶5 的比例分发给村集体、贫困户、村股份经济联合社和全村所有农户（含贫困户）。

苍溪县石门乡利用 210 万元帮扶资金，撬动 298 万元其他各类资金，建立省级美丽渔村，充分利用“四折两保 + 分红”利益联结机制，实现村集体经济年增收 10 万元，贫困户人均年增收 500 元。

（3）青川——股份 + 道德积分

青川县采取“股份 + 道德积分”的利益联结机制。“道德积分”分值构成包含遵纪守法好、孝敬老人好、子女教育好、家庭和睦好、邻里关系好、环境卫生好、生活习惯好、志愿服务好、勤劳节俭好、自强发展好“十个好”指标，由各乡（镇）村（社区）干部、老党员及群众代表组成评议小组。每季度对照“十个好”评比标准逐户进行打分，并将分值面向社会公布，然后，在“道德超市”将积分兑换为实物，以此激励村民自我教育、自我管理的能动性。挖掘其中的优良家风家规故事，大力倡导清正廉洁、遵纪守法的良好家风。

新一轮东西部扶贫协作中，青川县“白叶一号”基地建设项目就创新实施了“家庭道德积分管理激励机制”，制定《“白叶一号”茶苗受赠者道德积分考评机制实施办法》，将遵纪守法好、孝敬老人好、子女教育好、环境卫生好等“十个好”，作为“白叶一号”茶苗受赠农户积分考评的10个指标，与基地减贫机制、“飞地”带贫机制相衔接，在股权量化分红、集体收益分红中实行“股份+道德积分”，让道德积分高的多分红，让道德积分低的少分红，引导群众形成良好社会风尚。

（四）农旅结合探索产业发展新模式

广元市有悠久的历史和深厚的文化底蕴，探索出了农旅融合的产业发展新模式。依托丰厚的历史、文化、自然等资源，广元市创新推出“特色产业+旅游”“生态园区+旅游”的农旅融合模式；通过文化交流和文化走亲，推动东西文化交流；以农旅发展为目标，振兴传统村落，推进乡村振兴。

1. 以资源为依托，促进农业旅游相互融合

广元历史悠久，是苴国故地、入蜀要塞、三国重镇，素有“川北门户、蜀道咽喉”之称；地处秦岭南侧，山清水秀，气候宜人；区位交通便捷，是四川北向西进东出大通道，是连接成渝经济区与关天经济区、丝绸之路经济带与长江经济带的重要节点；旅游资源丰富。浙江—广元扶贫协作以来，广元市充分发挥各县区的历史文化、自然资源、交通等资源优势，探索发展“特色农业+旅游”“生态园区+旅游”的农旅融合模式。

（1）特色产业＋旅游

休闲观光农业是以农业为基础，以农民为主体，以休闲为目的，运用科技、文化、艺术等手段，提升传统农业及其衍生农产品附加值，贯穿农村一二三产业，融合生产、生活和生态功能，紧密连接农业生产、农产品加工业、旅游服务业的新型产业形态和消费业态。新一轮东西部扶贫协作中，广元市与浙江省的对口协作市县（区）携手调整优化农业产业结构，推动农旅融合发展，各个乡村积极发展观光农业、体验农业，促进农业增收。

广元市昭化区元坝镇依托当地的自然生态优势，围绕特色小水果产业，形成了集休闲观光、乡村旅游于一体的农旅新格局。元坝镇区位优势明显，全年气候温热，适合果蔬生长。近年来，元坝镇因地制宜进行农业结构调整，在各村发展起脆桃、猕猴桃、葡萄等小水果 7000 余亩，年产 800 万斤，产值 4000 余万元。每年春天，元坝镇千亩桃花竞相绽放，春风吹拂下吸引众多游客前来游玩，垂钓、割蜜等乡村旅游项目也应运而生。“我们村共栽植桃树 2 万余株，400 余亩，其中集体经济 200 余亩，招引业主 100 余亩，桃园内我们配套的有 10 余亩鱼塘，养殖 150 箱中蜂，3 家农家乐，每天接待游客 2000 余位，游客在赏花的同时还可以享受休闲垂钓，全年可实现旅游收入 10 余万元。”元坝镇分水岭村支书介绍。①

（2）生态园区＋旅游

广元市拥有悠久的历史文化、丰富的文化旅游资源、独特的交通区位和优良的生态环境。依托这些资源优势，广元市精心策划了众多生态园区，形成了“生态园区＋旅游”农旅融合模式。这是一种生态旅游农业，以农业为基础，在保护环境的前提下，将生态园区与旅游业耦合起来，促进生态农业发展的同时，也推动旅游业的发展。②

① 王梁：《广元昭化农旅融合促发展“致富桃花”开得艳》，中国网，2020 年 3 月 19 日。

② 王亚辰、徐天悦、金美滋等：《乡村振兴背景下生态农业与旅游业的耦合发展研究》，《大众标准化》2020 年第 9 期。

青川县白龙湖沙州镇幸福岛航拍

广元市青川县地处川陕甘三省接合部，是国家重点生态功能区，全国首批全域旅游示范区，全国最具魅力生态旅游县。全县森林覆盖率达73.48%，年空气质量优良天数达360天以上，是名副其实的天然大氧吧，全域山水画。白龙湖国家级风景名胜区是青川县一个集湖泊、岛屿、山峦、森林、峡谷、溶洞等自然景观和丰富历史文化遗迹于一体的新景区，幸福岛就是湖区内的一个小岛。青川县将旅游元素植入幸福岛，打造成为集观光旅游、休闲度假、农事体验等于一体的新农村综合示范区，实现建一处农业项目就是一处美丽的风景，促进农旅融合发展。生态是青川的最大优势。青川县以习近平新时代中国特色社会主义思想为指导，认真践行习近平总书记提出的“绿水青山就是金山银山”理念，立足生态优势，全力构建全域

旅游新格局，以规划和决定为引领，坚持统筹兼顾，加强交通、城建、农业、环保、国土等专项规划之间的衔接协调，融入全域旅游要求，实现规划一张图、建设一盘棋，促进旅游业全县域、全季候、全要素、全产业发展；以板桥红旗坝、张家村三谷等 12 个现代农业园区为中心，建设绕园路线，方便游客游观整齐连片植物景观。青川县投资资金完善竹园镇大坪山养殖园区配套设施，建设花卉、蔬菜、水果、牛羊等种养一体的现代循环经济发展综合体，吸引群众体验农家生活。①

① 江琪、冯小咖、李波：《四川青川：农旅融合深度发展，助力高质量脱贫》，学习强国四川学习平台，2019 年 12 月 8 日。

2. 以交流为动力，加强东西文旅合作

浙江广元的旅游协作，不仅有农业和旅游结合，还有文化和旅游的合作。两地通过文化交流和文化走亲，推动巴蜀文化与浙江文化的交流，共同念好浙江—广元扶贫协作“山海经”。

（1）文化交流：龙泉青瓷走进昭化

“一部中国陶瓷史，半部在浙江；浙江陶瓷史，半部在龙泉……”龙泉青瓷，青如玉、明如镜、薄如纸、声如磬。开办“龙泉—昭化青瓷班”，让龙泉青瓷走进昭化；宣传“一品一书一展示一情缘”理念，助推巴蜀文化和丽水文化交流与碰撞。

开办“龙泉—昭化青瓷班”。2018 年，龙泉市中等职业学校与广元昭化区职业高级中学签订了东西部扶贫教育对口协作框架协议书，深化两地多层次、宽领域、全方位友好合作。2019 年，昭化区职业高级中学的 19 名学生来到龙泉市中等职业学校，在“龙泉—昭化青瓷班”学习一年半。通过一年半的理论、实践、创作等方面的系统学习，这些学生逐渐提升自己的专业水平和能力，带着丰硕的学习成果回到家乡，将龙泉青瓷带给更多的人认识。昭化区挂职干部表示：“我们的学生去龙泉学习青瓷，学习的是技术和理念，他回来昭化又可以为我们发展广元窑做出贡献，学成回来也可以做我们的广元瓷，这是一种合作，龙泉青瓷文化走出去了，我们学到了技术可以开发我们自己的广元窑。”

宣传“一品一书一展示一情缘”理念。“我们昭化古城有浓厚的文化底蕴，古时候是苴国故都。建筑保存得也完整，可惜纪念品种类少，很难吸引游客，所以我们和龙泉合作开发文创产品，我们建设了丽水三宝馆、昭化剑瓷阁、东西扶贫馆，游客买东西多了，我们景区也创收。”龙泉来昭化的挂职干部张伟介绍，“广元也有瓷，但是这个大家可能了解得不多，我们广元窑还是中国十大名窑之一，而龙泉青瓷又是享誉全国的，我们就说二者结合，以广元窑为载体，助推巴蜀文化和丽水文化的交流与碰撞。”基于此，昭化区推出了“一品一书一展示一情缘”的宣传理念，“一品”即宣传昭化的代表性产品，比如昭化蜂蜜、青瓷等；“一书”即展示科普读物，对昭化文化进行文化传承；“一展示”即通过这些工作展示昭化的历史地位，推动巴蜀文化走出去；“一情缘”即以广元窑为载体，助推丽水昭化文化交流。

（2）文化走亲：开展文旅推介活动

浙江与广元有不同的地理区位、不同的文化旅游资源。在浙广对口市、县（区）依托本地资源，以文化交流为目的，开展文化推介活动，创编文艺作品，推动广元文化走出去，吸引浙江人民走进广元。

2018 年，广元市赴浙江省丽水市开展广元市文化旅游推介活动，签订广元—丽水文化旅游协作框架协议。2019 年，广元市赴浙江省湖州市、台州市开展 2019 广元市文化旅游推介会，广元—湖州、广元—台州两地文化旅游部门签订文化旅游协作框架协议。广元市通过文化旅游推介会向浙江人民推介广元 5 条文化旅游精品线路：剑门蜀道三国游、女皇故里文化游、温泉山水生态游、最美乡村体验游、红色经典缅怀游；发布广元文化旅游优惠政策，给予浙江人民线上轻松办理 100 元“旅游年卡”，浙江人民可享受全年无限次游览广元各 A 级旅游景区等优惠政策。2019 年 11 月，浙江省湖州市、丽水市党政府代表团先后赴广元市开展“文化走亲”活动及文化旅游工作座谈会。文旅活动加强了浙广两地的文化交流，坚定了两地的文化自信，为浙广搭建了合作共赢平台。“走亲串门”，推动了两地的人文精神、拼搏精神相互交融，推动了双方优势互补、繁荣发展。

3. 以发展为目标，助推新时代乡村振兴

全面建成小康社会，要推进乡村全面振兴。农业休闲旅游作为农村产业融合的重点产业，是助力乡村振兴的重要举措。浙江—广元扶贫协作中，广元市以农业为基础，以文化为依托，在乡村旅游中融入传统乡村文化，促进农业旅游业发展的同时发掘保护传承乡土文化；依托资源、政策优势，变村庄资源优势为产业优势，如朝天区曾家山。

传承乡土文化，助推乡村振兴。传统乡土文化是不可再生的文化遗产。广元市青川县有丰富的原生态古村庄，古建筑文化底蕴十分深厚，现有9个传统村落、1个古村落。① 青川县践行“绿水青山就是金山银山”的发展理念，加强对传统村落的保护与发展，实现古村文化与乡村旅游相结合。青川县利用传统村落地理优势及生态环境，引进“高山玫瑰项目”，发展高山玫瑰种植300亩，打造玫瑰花观光体验游览路线；打造“茶颜观色，轮动风光”自驾旅游线路——“观茶路”，沿途有玻璃观景平台、山路十八弯、平溪露营地、云海观赏等景点，是青川赏花、赏红叶、露营游玩最佳去处。观音店乡两河村传统村落，是青川县第一个国家级传统村落，青川县通过对传统古村落的保护和活化，有效带动了乡村旅游业的发展及新时代乡村振兴。②

发挥资源优势，助力乡村振兴。曾家山依托自然资源、产业优势和政策优势，助力乡村振兴。根据朝天区“蜀道亚高原，康养曾家山③”的发展定位，依托蔬菜产业，曾家山成功创建为中国农业公园，被评为全国绿色农业示范区、国家地理标志产品保护示范区、国家农产品质量安全县、中国生食蔬菜之乡等。在朝天区政府的推动下，许多大型企业入驻曾家山，使其基础设施环境大大改善。旅游项目的开展，为曾家山带来了人流量。村民不再需要外出务工，去景区务工或者自己创业都是不错的选择。浙江—广元扶贫协作以来，广元市发布了《浙广东西部扶贫协作三年行动实施方

① 其中国家级传统村落4个：观音店乡两河村和河坝村、大院乡竹坝村、茶坝乡双河村，省级传统村落3个：白家乡松盖村、蒿溪乡青光村、姚渡镇阳山村。

② 徐丽芬、刘慷：《青川：让历史文脉传承，让传统村落活化》，《广元日报》，2019年10月11日。

③ 朝天区曾家山位于秦巴南麓、川陕接合部，平均海拔1400米，总面积586平方千米，森林覆盖率74%，景观独特，享有“溶洞王国”“石林洞乡”的美称。年平均气温12℃，夏季平均气温23℃，是春踏青、夏避暑、秋观红叶、冬滑雪的休闲旅游胜地。

案（2018—2020 年）》，围绕建设中国生态康养旅游名市，开辟了精品旅游路线五大生态康养旅游产业。如今，人流、物流、信息流涌向曾家山，形成“人气曾家聚”这一独特现象。农居条件彻底改变，曾家山上鳞次栉比坐落着 50 余家星级农家乐、5 家星级康养酒店，曾家山的生态康养成为朝天区的旅游支柱产业。“曾家山脱贫奔小康的路径是将特色资源环境转变为绿色产品服务价值，再转化为兴区强业富民资本的脱贫致富奔全面小康的路径模式。”①

（五）消费扶贫拓展产业发展空间

浙江—广元扶贫协作以来，广元市积极推动消费扶贫，拓展贫困户增收渠道。通过创新建设四大保障体系、五大销售渠道，构建了立体式营销网络。通过电子商务平台，极大地突破了产品销售的时空限制。

1. 创新体系建设，构建立体式营销网络

广元市将消费扶贫作为浙江—广元扶贫协作的有力抓手。广元市通过创新扶贫产品认证、组织、销售、质量四大体系，形成了立体式营销网络，即推行直销、助销、云销、展销、促销相结合的产品销售模式。

（1）四大保障体系

构建扶贫产品认证体系。广元市以全面推进国家级、省级电子商务进农村综合示范项目为契机，围绕苍溪猕猴桃、剑门关土鸡、朝天核桃、青川山珍等优势资源和产品，打造出清江源、秦巴妹、一品一家、念初心、秦川印象、曌魔芋、海伶山珍等新兴地方特色品牌 40 余个。按照有“三品一标”、有初步规模、有扶贫带动、有质量保障“四有”标准，广元市对农特产品、旅游产品、工业产品分类建立“四川扶贫”商标产品申报名录，由归口部门动员生产及运营主体申报，做大“广元造”扶贫产品，增强市场

① 郭兰:《四川广元：嘉宾齐聚曾家山 看朝天“乡村振兴”》，中国网，2019 年 8 月 7 日。

多彩曾家山

占有率。2020年，已纳入“四川扶贫”商标认定的扶贫企业有398家，认定扶贫产品达1175个。

构建扶贫产品组织体系。广元市依托供销社“广供天下”电商平台，建成“广元造”扶贫产品供需信息平台和县区“扶贫产品销售微信群”，实时更新扶贫产品供需信息。组建市本级集中代理配送骨干企业6家，纳入扶贫产品供需平台，供采购企业自主选择。依托县区扶贫产品营销中心、电商物流产业园、乡村电商服务站点，组建县、乡、村三级产品组织和物流体系，建成县级电商综合服务中心7个、乡镇电商配送服务站点191个、村级电商配送服务点716个，开设网店1208个，培育涉农电商企业216户、电商专业合作社277个，确保扶贫产品收得齐、运得出。建成市、县区电商服务中心7个，乡镇电商服务站129个，村电商服务点676个。建成电商物流园区5个，乡镇快递网点356个、村级553个，乡镇物流快递覆盖率达

100%。2020 年，实现近 2 万户贫困户与市内 300 多户生产销售主体充分对接，与国内外大市场互联互通。

构建扶贫产品销售体系。广元市以市场需求为导向，大力开展进市场商超、进车站景区、进酒店餐厅、进学校医院、进机关企业、进社区家庭、进平台网络、进专店出海外“八进”活动，实现广元扶贫产品全销售链销售。组织开展“惠民购物全川行动”“川货全国行”“网上迎春购物节”等活动近 100 场次。广元市主动对接浙江省帮扶市县，旺苍、苍溪、剑阁、青川、朝天、昭化均在浙江对口帮扶城市设立“广元造”扶贫产品专卖店、广元扶贫产品在成都老邻居连锁店全线上架，在成都火车东站展厅、四川省农产品集团展销大厅等设立专区专柜，市供销投资集团建立 300 平方米扶贫产品展销大厅，展示扶贫产品 20 余个品种、近 200 种单品。积极开展“以购代扶”，组织 3.6 万名帮扶干部采购扶贫产品 3060 万元。广元供销农产品集团有限公司与市委、市人大、市政协机关食堂以及四季绣农家乐、铭洋酒店、秦妈老火锅等29家单位签订采购合同，采购扶贫产品155万元。

构建扶贫产品质量体系。广元市大力推进扶贫农产品标准化生产，加强农业投入品和产地环境管控，将“集中用标扶贫农产品”和“广告精准扶贫推介农特产品”纳入农产品质量安全重点监管区和监管巡查对象，县区每年检查覆盖区域率40%以上，乡镇、村级巡查率100%。广元市将扶贫产品纳入质量安全追溯平台管理，落实生产基地网格化监管制度，完善市、县、乡、村四级农产品质量安全监管和市县检测体系建设，推行“生产承诺制”“产品检测准出制”，强化对生产环节、市场流通环节、农户自产自销环节产品质量监管，扶贫产品成为“抢手货”。广元市已完成黑木耳、绿茶、红心猕猴桃等农产品质量溯源，通过二维码溯源实时查询产品生产、加工、销售等信息。省级农产品质量安全例行监测合格率98%以上。

（2）五大销售渠道

广元市围绕促进贫困地区脱贫攻坚和产业长远发展，着力拓宽贫困地区农产品销售渠道，推动贫困地区农产品融入全国大市场。借东西部扶贫协作东风，广元市通过直销、助销、云销、展销、促销等方式与东部对口扶贫协作单位进行产销对接，构建立体式营销网络，拓宽销售渠道，近三年扶贫产品销售至浙江等地33.6亿元。

专区专柜直销。在浙江省台州、湖州、丽水三市与广元市的共同推动下，苍溪、旺苍、剑阁、青川、昭化、朝天分别在对应帮扶市开设扶贫产品销售专区专柜，主要涵盖了“广元七绝”等广元优质产品，其中展示展销495个“四川扶贫”认定产品，实现农产品从大山直达城市。

以购帮扶助销。浙江省各结对帮扶地区将消费扶贫纳入部门结对帮扶工作内容，以广元优质的农特产品为主，开展政府集中采购活动。浙江省各结对帮扶地扶贫办、商务局、总工会等部门出台政策，鼓励机关干部个人购买广元扶贫产品，浙江各结对帮扶地共动员组织干部近 1.5 万人，购买广元扶贫产品 460 余万元。

网络平台云销。广元市以实施国家、省电子商务进农村综合示范项目为抓手，筑牢农产品“上行”基础，发挥阿里、京东、全国供销 e 家、广供天下等电商平台优势，实行互联互动，资源共享，在社交平台开设网络专区，重点销售广元扶贫产品，着力打通消费扶贫“网购”渠道。通过采取“互联网 + 商家”模式，广元市把各县区在浙设立的农特产品展销馆作为线下前沿展台，开展原产地农特产品的中转和体验，推进线上线下销售同步推进，相互促进，消费者可以尽情体验到“线上 + 线下”购买广元特产的便利。近年来，浙江—广元相继开展了苍溪和三门“海誓山盟 · 永结同心特色农产品网络营销会”“邮通天下 · 苍溪红心猕猴桃川陕渝订货会”“吴兴—青川东西部扶贫协作农产品网络促销”等系列活动。

主题节会展销。广元市利用市场拓展“三大活动”，积极组织参加扶贫产品销售活动。2019 年，广元市组织苍溪县、青川县、旺苍县、朝天区等 20 家企业参加了“2019 长三角农产品产销对接洽谈会暨对口农产品推介会”和台州金秋购物节暨消费扶贫展、广元扶贫产品进浙江省直机关食堂活动。同时各县区与帮扶地区整合资源，共同拓展市场，如苍溪—三门共同举办第五届、第六届三门青蟹节和第四届苍溪红心猕猴桃采摘节网络营销活动。截至 2020 年，全市赴浙开展主题展会共计 20 余场，现场销售达到 900 余万元。

创新模式促销。广元推广“托管代养”生产模式，通过微信公众号等渠道发布“企业 + 农户”托管代养公告，引导外出务工农户将户办产业园托管给专业合作社，实现外出务工和产业增收“两不误”。以剑阁县为例，剑阁县托管了 170 亩果蔬基地给三分田公司，按照有机农产品标准生产，产品直供永辉超市，2020年销售总额可突破1亿元。广元市探索“私人订制”产品模式。青川县举办米仓山采茶节，开展有机茶采摘、茶树认养等活动，推出有机茶叶“私人订制”产品。创新“O2O”销售模式。线下体验，线上销售。广元市每年定期举办米仓山采茶节、苍溪梨花节等特色节会，指导企业通过互联网邀请、组织用户开展免费试吃、实地考察等线下活动，深入了解农产品品质，感受农产品生产、采摘的各个环节对质量的严格要求，建立农产品的消费信心。

2. 电商云销助力，激发消费扶贫新动能

浙江—广元扶贫协作中，浙江省发挥人才、技术和平台优势，协助广元市搭建电子商务平台，为产品拓展了销售渠道。广元市通过“东智西借”，选派人才去浙江学习、引进浙江专家来广元教学，为产业发展提供新思路；通过“引进来、走出去”，去浙江推广特色产品，增加广元订单，通过电商平台拓展广元产品市场；通过“共享共建”，共享电商平台、共建产品生产基地，扩展销路、保证产量。

（1）东智西借，创新产业发展思路

东智西借是浙江—广元扶贫协作中，广元市电商发展经验之一，主要体现在两方面：广元市选派广元人员去浙江学习与交流，推介推广广元农特产品；广元市聘请浙江电商人才和专家来广元实地教学，发挥各自优势带动广元电商发展。

选派人才去浙江学习。广元市选派乡村干部、返乡农民、回乡大学生等前往浙江学习，经过短期培训，广元人才学习浙江电商运营经验。昭化区通过选派人才到浙江省丽水市龙泉市挂职锻炼、短期培训等形式，学习龙泉电商运营、产品展示、仓储管理经验，计划用2年左右时间，分3批完成“双百”培养目标，截至2020年，昭化区已选派16名干部及专业技术人才到龙泉挂职，21名返乡创业青年到龙泉参加为期5个月的电商专业培训。

聘请浙江专家来广元教学。昭化区聘请浙江省丽水市电商中心、龙泉市农谷青创园等负责人4名，作为昭化区电商顾问和导师，邀请电商发展领军人物和专家3名，先后举办“昭化大讲坛”农村电商专题讲座2场次300多人次。昭化区依托龙泉农谷青年创业园区、昭化东西部扶贫协作电商服务中心，建立了“电商飞地”和“运营中心”，孵化培育在龙泉，运营实践在昭化，实现人才出得去、学得成、回得来。昭化区输送21名创业青年赴“飞地”学习，成立淘宝店铺4家，月均销售2万元以上，学员全部实现盈利，并发展龙泉本地合作网店3个，共同推动昭化产品上架销售。

（2）引进来、走出去，引领产业营销对路

广元市在浙江—广元电商扶贫协作中，通过“浙江订单引进来＋广元产品走出去”，保障广元产品的销售路径畅通。“引进来”即对浙江企业招商引资，增加广元产品订单量；“走出去”即通过浙江订单，依托电商平台和线下平台，推动广元特色产品走出广元、拓展销路，助推农民脱贫增收。

“引进来”：招商引资增加订单。浙江省与广元市确定对口帮扶战略伙伴关系以来，两地通过电商招商，增加广元产品订单，打开浙江市场。

昭化区与浙江省丽水市龙泉市确定对口帮扶关系，在电商拓宽扶贫路径中，昭化区组织挂职干部、学习考察人员、产业招商队伍赴龙泉市举办“走亲会”“交流展”等活动，邀请龙泉电商等60余家浙江企业到昭化考察投资项目。2020年已与浙江方面签订昭化韭黄、王家贡米等8类特色农产品供销协议，签约金额700余万元。除此之外，昭化区整合龙泉市帮扶资金400余万元，对已签约和有意向签约的8类特色农产品种植户重点扶持，并搭建“昭化严选”供货平台，通过严格生产认证、实行质量追溯、统一包装设计等措施保证供货质量。目前，已培育“紫云猕猴桃”等中国驰名商标 7 件，建成国家级绿色食品原料标准化基地 10 万亩。2019 年，昭化区与浙江完成订单 3 万多个，实现销售额 150 余万元。

“走出去”：发展农特产品拓展销路。除了依靠电商平台，广元市在浙江建设广元产品的实体展示馆，在超市建立广元产品的展示柜台，这些都有力地提升了广元产品在浙江的知名度，也拓展了销路。

剑阁县计划通过东西部扶贫协作电商扶贫项目，将剑阁本地农特产品电商化开发。剑阁县打造“剑阁优选”区域公共品牌，围绕剑阁农特产品挖掘本地特色网货产品，建成了移动端微商城“剑阁严选”、淘宝“中国特产剑阁馆”、京东“中国特产剑阁馆”三个线上商城，共上线剑阁特色农产品 100 余款。开发了“剑阁优选”宣传推广订阅号，同时在浙江省建立了杭州市剑阁农特产品代卖专区、丽水市莲都区剑阁农特产品代卖专区、剑阁县农特产品示范店、广元市剑阁县农特产品代卖点。剑阁县通过线上线下相结合，成功促进了广元特色产品与消费市场有效对接。

（3）共享共建，促进产业优势互补

浙江—广元扶贫协作中，两地对口县区积极推动两地电商企业在产品、商机、销售渠道等方面实现信息互通、资源共享，为广元市产品打开市场、畅通销路。通过共享电商平台，拓宽产品销售渠道；依托浙江的技术和广元的资源，共建产业基地，从而保证货源的稳定。

共享电商平台，拓宽产品销售渠道。昭化、龙泉依托龙泉“丽水山耕”销售平台，推动双方电商在产品、商机等方面信息共享，把龙泉的人才、技术、市场等优势与昭化的生态农产品资源、劳动力、土地空间等优势紧密结合起来，为昭化区高品质农产品打开市场、畅通销路。昭化区自主搭建了“昭化严选”供货平台，完善“电商平台 + 专合社 + 贫困户”供应机制，通过线上线下营销累计免费为 30 多个专合社提供产品展示平台，实现了销售企业和产品供应主体的精准对接，构建起利益紧密联系、产销密切衔接、

莲都—剑阁东西部扶贫协作电子商务中心（莲都）

长期稳定的新型农商关系。

浙江省三门县、广元市苍溪县立足两地自身资源优势，整合苍溪“中国红心猕猴桃之乡”、三门“中国小海鲜之乡”两块农业金字招牌，共同举办了第五届三门青蟹节和第四届苍溪红心猕猴桃采摘节和“海誓山盟·永结同心”苍溪红心猕猴桃、三门小海鲜网络推介活动。苍溪县借助杭州市知味观·味庄、北京百万农庄、南京市菜篮子工程等知名品牌的影响力，依托淘宝网、京东商城、有赞商城、农淘优选等平台，开展线上线下活动，提高苍溪红心猕猴桃知名度、美誉度和影响力。采取“互联网＋商家”模式，建成苍溪县特色农产品电商营销中心，作为线上线下前沿展台，开展原产地农特产品的中转和体验，真正实现了一头连农户、一头连企业、一头连消费者的三方联动。

共建产品生产基地，保证货源稳定供应。2018 年确立对口帮扶关系之后，昭化区引进浙江省丽水市龙泉市三秀有限公司等企业和种植大户，与龙泉市共同建设了食用菌千亩产业园。这一项目总投资 1300 余万元，其中东西部扶贫资金 360 万元，业主、农户自筹资金 980 余万元。建设成为以香菇、灵芝为主的食用菌基地，其中香菇 83 万袋，灵芝 180 亩，并配套厂房、冷库等相关设施建设。至 2020 年该产业园已带动周边就业人数 685 人，培养当地灵芝栽培户 3 户、香菇种植户 36 户，发放劳务工资共计 200 多万元。

昭化区与龙泉市两地多次开展“送技术、送设备、送人才”服务。龙泉市派送小康专车将龙泉的“菌师”“菌器”“菌种”送往昭化，用于双方共建千亩食用菌产业园项目。该项目预计三年可累计带动当地农民栽培香菇 300 万棒以上，栽培灵芝 1000 余亩，并累计带动 500 余户困难户脱贫，实现一产产值 1.38 亿元以上。来自龙泉市的“菌师”说：“我们之前就去昭化了解过，这里有丰富的青冈木资源，非常适合发展食用菌产业。”他们和其他的技术专家一起前往昭化实地指导当地农户栽培食用菌，帮助他们打造好食用菌产业，让他们有工可打、有钱可赚，加快实现脱贫致富。生产出来的食用菌不愁销路，通过“昭化严选”平台和浙江实体产品馆帮助他们销往全国各地。

四、携手奔小康　全面凝聚东西部扶贫协作合力

浙江—广元扶贫协作中，创新了结对帮扶机制，开展了多层次、多领域的结对帮扶活动，同时健全社会参与机制，广泛动员社会力量参与扶贫协作，全面凝聚了东西部扶贫协作合力，助推广元全面建成小康社会。党的

十九大提出“实施乡村振兴战略”，这是新时期农业农村发展的指导方针。实施乡村振兴战略，实现从城乡发展一体化到城乡融合的转变，需要新理念、新思路、新方法。党中央、国务院高度重视乡村产业发展。

（一）结对帮扶谋发展，携手同心奔小康

四川省与浙江省为深入落实习近平同志对广元“两封来信”“一次视察”“一次接见”的殷殷嘱托，围绕“两不愁三保障”目标要求，以带动贫困人口脱贫为重心，两地携手全面开展“携手奔小康”活动。浙江省和广元市聚焦深化县级对接，帮受县区积极主动作为，党政主要领导高频开展对接互访66次，在美丽乡村建设、产业发展、教育、医生队伍建设等领域深化协作，结对帮扶实现全覆盖，生动开展“不忘党的恩、先富帮后富”系列扶贫活动。

1. 镇镇结对

为深入贯彻落实以习近平同志为核心的党中央关于东西部扶贫协作的重大决策部署，把东西部扶贫协作工作做得更深入、更高效，浙江省和广元市本着资源共享、优势互补，发展互惠、合作双赢的原则，深入开展了镇镇结对工作，镇镇结对28对，主要涉及4个方面的内容。

第一，引进产业扶贫。立足双方资源禀赋和产业基础，深化经济协作，充分发挥招商引资和农产品生产销售龙头企业等资源优势，浙江方帮助广元市各镇引进符合当地产业发展导向的企业和项目。

第二，组织劳务合作。组织劳务协作建立紧密的跨区域劳务合作关系，完善劳务对接机制，广元各乡镇动员浙江企业优先安排镇内贫困劳务人员就业；各乡镇充分发挥劳动力富余优势，积极为浙江企业组织招聘所需劳动力；组织技能培训，有效开展人岗对接活动。

第三，推进民生服务。浙江方加大对广元各乡镇在城乡统筹、乡村振

兴、城镇建设、社会民生、全域旅游等领域的支持，通过委托培养、定点培养、交流互访、举行培训班等方式，加大在教育、医疗、旅游、农业、交通、电商等方面人才交流合作力度，加强广元各乡镇农村致富带头人、驻村第一书记和扶贫协作干部的培训工作，提升综合素质和工作能力。两地选派优秀干部开展双向交流，增进干部之间的联系和互帮互学、交流互访，加强对干部的培养和锻炼。

第四，动员社会参与。浙江方广泛动员，引导当地企业赴广元各乡镇考察对接，洽谈产业合作，支持和参与扶贫、助学和济困等事业；鼓励引导工会、共青团、妇联等群众团体和社会团体参与帮扶合作，引导组织社会爱心人士和企业家到广元开展“扶贫献爱心”、捐资赠物、慈善公益等多形式、多领域的结对帮扶活动。

2. 村村结对

按照“帮扶是前提、合作是基础、双赢是目标”的原则，浙江方与广元市建立村村结对协议 106 对，主要涉及 4 个方面的内容。

第一，发展村级经济。围绕幸福美丽乡村建设目标，完善前期发展规划，结对双方从增强经济发展后劲以及促进农业增效、农民增收着手，依照当地特色发展种养殖业，打造提升美丽乡村经济，充分发挥自身特有优势，通过信息支持、技术支撑、人才支援、资金帮扶等方式，合力推动经济发展，激励贫困村形成自我造血机制。

第二，加强党组织建设。双方在支部建设、党员活动等各方面统筹资源，有组织、有计划地开展互动学习、教育培训、专题讲座、经验交流、扶贫帮困等党建联建活动，不断加强基层党组织建设和党员队伍建设。

第三，振兴人才培养。双方在现有条件下，积极开展互派业务骨干、年轻干部挂职锻炼，选派专业人才进驻农村蹲点调研等工作，切实加强人才培养和干部锻炼。特别是着眼于培养一批作风正、素质高、能力强的优秀基

广元举办专场招聘会

层干部和有文化、懂技术、会管理的农村实用人才，采取学习培训、专家辅导、技术指导、信息服务等方式，有针对性地加强农村急需人才的培养，进一步增强农村发展的软实力。

第四，争创幸福美丽新村。浙江方紧紧围绕提升农民素质、改善农村面貌、优化人文环境等方面，从立足实际、注重特色出发，帮助广元市贫困村策划开展文明村、卫生村、平安村等精神文明创建活动，改善农村文化、娱乐、体育、医疗等条件，丰富农民文化生活，加强农民道德教育，提高农民科技知识、法律意识、劳动技能，做好助学、助残、推荐就业等扶贫帮困工作。

案例

青川县竹园镇携手吴兴区八里店镇打造“八里竹园”田园旅游综合体

2018年，青川县竹园镇与浙江省湖州市吴兴区八里店镇签订结对帮扶框架协议，明确竹园镇出资源，吴兴县出政府资金、社会资本等，共同打造“八里竹园”田园旅游综合体，力争3~5年将河口村建成4A级旅游景区、东西部扶贫协作典范和全国乡村振兴示范村。

全域发展建新村。按照“竹园所需、八里店所能”原则，整合东西部协作、集体经济资金共计2375万元，在竹园镇河口村以青竹江支流水系为核心，环线打造旅游景观带、观光骑行带，利用水系山体功能开发乡村野漂、主题农场等7个重点旅游发展区块，以每个区块为中心，分别对方圆2公里内的闲置农舍学校、废弃车站隧道等进行风貌改造，配套建成时光餐厅、乡野酒吧等“吃住游”项目3~7个，形成“一脉二带七区块”的全域发展格局。

引入业主强产业。成立公私合营的青川县绿竹源旅游开发有限公司，统一运营管理“八里竹园”旅游品牌。对八月瓜、稻田养鱼等3个基地，按照双投资、让股10%的标准招引本地业主进行自主运营；对农户自主发展的星级农家乐，按照“1星1万元”的标准给予奖补；对“八里驿站”“运营中心”等19个旅游业态及基础设施，进行统一“打包”招商。

利益联结助增收。坚持以“农旅相融、百姓增收”为目的，由青川县绿竹源旅游开发有限公司通过入股项目分红、外包项目获得效益等净利润的60%对农户进行长效分红帮扶，同时，农户可通过流转土地收租金每年800元/亩、务工就业挣薪金等方式实现就近增收。目前，“八里竹园”接待游客5万余人，实现旅游综合收入200余万元，带动河口村贫困户124户470人人均年增收1200元以上，“乡村美、产业兴、百姓富”的目标正逐步实现。

3. 学校结对

教育是实施精准扶贫战略、帮助贫困家庭脱贫的重要路径。浙江方与广元市建立学校结对101对，主要内容包括3个方面。

第一，挂牌示范。结对双方共同在受帮扶地学校举行挂牌仪式，达成帮扶协议，共同帮助改善受帮扶学校的办学水平。双方根据自身情况和受帮扶学校的办学需求，制订特色发展规划，开展校园文化建设，提升育人环境品位。

第二，对接地方产业。浙江方通过多种途径，帮助贫困学校对接地方产业，做好专业建设规划，完善师资队伍建设、实训基地建设和内部质量管理水平，不断提高人才培养质量。

第三，结对双方互派干部和教师进行挂职锻炼。依托浙江方在办学、师资培养上的专业优势，广元市受帮扶学校选派干部和专业教师到浙江方进行培训学习，浙江方为学员提供相关学习、生活等支持，并选派专业教师到受帮扶学校支教。浙江方学校每年选派对口优秀专业课教师到广元市开展送课研讨、课题研究、经验交流、专题报告、听课评课、校本课程等教学服务活动；广元市则每年选派优秀校级领导和优秀专业骨干教师到浙江方开展挂职锻炼，浙江方安排专人进行“一对一”指导。

案例

仙居县“组团式”教育帮扶走进旺苍县

2019年5月23日至26日，仙居县教育局马千里一行到旺苍县开展仙居—旺苍扶贫协作“组团式”教育帮扶暨仙居名师、名校长送教活动。

在县教育局，召开了仙居—旺苍扶贫协作“组团式”教育扶贫座谈会，会议通报了仙旺教育扶贫协作开展情况，就如何进一步做好“组团式”教育帮扶进行了讨论；仙旺互派教师进行了交流发言。滕新生强调，要倍加珍惜学习交流机会，仙居和旺苍各有优势，希望大家取长补短，既要学习东部地区先进教育理念，也要借鉴旺苍教育好的做法，促进两地教育水平共同提升。要关心关爱挂职教师，两地要做好服务保障工作，一如既往地给予关心关爱，为他们创造良好的工作、生活和学习环境。要深化“组团式”教育帮扶，进一步在幼教、普教等基础教育领域深化交流协作。同时，持续抓好“2+1”仙居旺苍职业教育协作，让更多的建档立卡贫困家庭学生实现“一人就业、全家脱贫”。

在佰章小学和东河幼儿园，开展了仙居—旺苍扶贫协作名教师、名校长送教活动，仙居县的蒋燕萍、方芳两位名教师为旺苍县师生献上了优质课——《你一定会听见的》《倍的认识》；仙居县的吴在君、王植定、蒋媛彬三位名校长分别做了题为《把有意义事情做得更有意思——安洲小学小公民培育课程简介》《推倒学校围墙，重构学校课程体系》《为孩子重塑未来教育》的专题讲座；并举行了仙旺“组团式”教育扶贫协作学校结对签约仪式，仙居县第一小学、安洲小学、实验小学、春晖幼儿园分别与旺苍县实验小学、佰章小学、东河小学、尚武小学正式结对。

在柳溪小学，开展了“情系旺苍，善爱仙居”爱心助学活动，仙居县的爱心企业为学校师生送来了储物柜、书柜、图书、校服、现金等7.3万余元的资助，鼓励孩子们战胜困难、好好学习、争做新时代社会主义接班人。

随着“组团式”教育帮扶活动的开展，标志着仙旺教育扶贫协作进入了新的里程，通过名教师互联对接、名校长互通对接、名学校互访交流对接，将东部地区学校新改革、课改新行动的教育新理念输送至旺苍，达到东西部教育理念共享、资源共享、成果共享的效果。

4. 医院结对

在浙江—广元扶贫协作部署中，按双方卫计局签订的东西部扶贫协作框架协议，结合双方实际，达成医院结对82对。双方主要合作内容如下：

第一，搭建合作平台。合作双方分别成立对口合作组织机构，负责组织推进合作工作，定期交流互访，对合作的具体事宜进行沟通商谈。浙江方医院通过资金帮扶、设备支持、技术交流、业务指导等方法和渠道，进一步加强受帮扶医院诊疗水平，逐步提升受帮扶医疗综合服务能力。

第二，加强诊疗合作。双方加强诊疗合作，实施健康教育和咨询等。同时，进一步强化科教兴院意识，抓住机遇、乘势而上、虚心学习、取长补短。通过帮扶，受帮扶医院努力争取以一流的管理、一流的服务、一流的技术、一流的环境为人民群众的健康做出更大的贡献。

第三，开展业务交流扶贫。开展“医疗直通车”等活动，浙江方选派专家进行临时义诊、业务指导和业务讲课培训，帮助受帮扶医院提高业务工作能力水平。双方开展“一对一”或“多对一”的结对帮扶活动，通过“传帮带”等方式开展灵活自由的医疗活动。

案例

浙江路桥、四川朝天同心守护群众健康一路同行

山海同心，携手同行。一场脱贫攻坚战，把浙江省台州市路桥区和四川省广元市朝天区这遥隔千里的两地，紧密地联系在了一起。

2020年6月12日，虽时序已是盛夏，但平均海拔1400米的曾家山，还是一片微凉。早晨8点，还稍显冷清的曾家镇汉王老街，随着“路桥—朝天‘健康扶贫进乡村’暨送医送药巡回义诊活动”医疗车队的停靠以及医疗专家小组近20名医护人员的安营扎寨，眼见地火热了起来。

外科、大内科、中医科、妇科、全科……只见一字排开的诊疗桌前，闻讯前来的就诊群众迅速排起了长队。“听说今天来的都是专家，天一亮就赶了过来。”58岁的麻柳乡石牌村一组村民顾泽英，最近右脚脚踝总是不明原因地疼痛，在经过详细的问诊和触诊后，朝天人民医院的张晓刚医师现场为顾泽英进行了针灸治疗，感受着逐渐减轻的疼痛，顾泽英脸上露出了久违的微笑。

“多吃新鲜蔬菜水果，少吃高脂肪食物，保持适量运动。”今年67岁的曾家镇石鹰村五组村民鄢玉林，常年受高血压、高血糖的困扰，现场测完血压和血糖后，路桥区挂职朝天人民医院的林川医师在通过交谈深入了解他的病症后，为他开具了处方和治疗建议。随后，在医护人员的引导下，鄢玉林老人不仅免费领到了治疗所需的各类药物，还领到了由路桥区医护人员亲手制作的精美防流感香囊，以及由医保政策问答、特殊疾病政策清单、红十字会“天使阳光基金和小天使基金”救助政策、健康教育等各种宣传资料构成的“医疗政策宣传大礼包”。

在现场，负责发放宣传资料的朝天区医疗保障局工作人员，不但耐心地就异地就医备案、门诊特殊疾病申报、建档立卡贫困人员区域外诊疗费用报销等群众所关心的热点问题进行了面对面的解答，还现场为他们普及起了防病治病的基本常识，并教授一

浙江省台州市路桥区医生为广元市朝天区困难群众义诊

些简单的预防感冒等常见疾病的方法。

“在脱贫攻坚的战场上，既要治穷，又要治病，要让广大朝天群众以健康的身体和积极的精神风貌，奋进在全面建设小康的征途上。”医疗专家小组组长、路桥区挂职朝天人民医院副院长郑国玲介绍，为搞好本轮送医送药巡回义诊活动，路桥区统一采购了价值13万余元的药物和医疗耗材，药品种类多达35种。特别让人暖心的是，来自路桥的医护团队还精选中药材，精心配方，制作了治疗失眠的中药枕、颈椎枕约1000个，预防感冒的中药香囊4000个，现场免费赠送给就诊群众。

“这个活动开展得好，是真正在为我们老百姓做好事。”在当天的巡回义诊现场，这是群众说得最多的一句话。据了解，2018年以来，路桥区与朝天区持续携手开展“路桥—朝天‘健康扶贫进乡村’暨送医送药巡回义诊活动”，共抽调两地优秀医护人员60余名，开展义诊33场次，服务群众7200余人次，免费发放了价值40余万元的药品。目前，巡回义诊已实现全区12个乡镇全覆盖。

相知无远近，万里尚为邻。自路桥区结对帮扶朝天区以来，从单向扶贫到产业对接，从经济援助到社会事业等多领域的深度合作，两地开创了一条具有示范意义的扶贫协作道路，奏响了实现全面小康的“大合唱”，路桥朝天一家亲，无问西东，这是结果，亦是初心。

5. 村企结对

“万企帮万村”行动是中央部署打赢脱贫攻坚战的重要举措，也是民营企业响应中央号召履行社会责任的重要体现，民营企业参与“万企帮万村”

精准扶贫是脱贫攻坚的重要力量、社会扶贫的中坚力量、产业扶贫的生力军。浙江与广元开展村企结对385对，在切实做好精准帮扶的同时，用心用情、多做实事、多留成果，加强双方交流合作，努力把浙广结对、结缘、结亲进行到底，早日打赢脱贫攻坚战，携手奔小康。

第一，工作统一部署，科学谋划，统筹推进。将“万企帮万村”精准扶贫行动作为东西部扶贫协作社会扶贫工作的重点，纳入东西部扶贫工作格局，坚持统一安排部署，统一检查考核，建立联席会议制度，定期召开推进会议，明确措施、细化责任、落到实处，努力使浙江—广元扶贫协作“万企帮万村”工作成为广元市“携手奔小康”工作的亮点。

第二，对象统一确定，突出重点，着力当前。帮扶企业确定后，在充分考虑企业和贫困村自身实际的基础上，坚持因地因企制宜、因村因户因人施策，落实企业帮扶脱贫任务重、位置较偏远以及2018年、2019年当年计划整村脱贫的贫困村，并且与本地企业帮村统筹考虑、统筹安排，确保各方帮扶力量得到有效整合，有限帮扶资金用在刀刃上，形成脱贫攻坚的大合力。

第三，项目统一规划，问需于村，产业优先。帮扶企业充分结合自身实际，组织召开帮扶企业与帮扶村的对接会，坚持问需于村，做到贫困村、贫困户最需要什么，企业就力争帮什么，实现精准帮扶、高效帮扶。突出产业优先，在已实施的企业帮扶项目中，多数项目用于产业发展，包括新建种养业、支持大户和贫困户发展种养业、巩固提升现有农业产业园区等，带动贫困人口增收脱贫效果显著。

第四，资金统一安排，打捆使用，突出实效。坚持社会扶贫资源与专项扶贫、行业扶贫力量统筹考虑、整合安排、互为补充、精准发力，突出实效。在企业帮村产业项目中，均做到了企业帮扶资金与财政资金、其他社会资金统筹安排、打捆使用，互为补充、凸显实效，发挥了资金的最大效益，为下一步产业发展奠定了基础。

第五，活动统一组织，形成氛围，带动明显。针对帮扶双方距离较远、企业帮村开展活动受限等具体问题，企业帮扶做到活动统一组织，每年分2~3批次组织结对企业来广元市开展帮扶活动，并与党政代表团来广元市访问同步进行。在浙江方企业帮村带动下，越来越多的企业、爱心人士参与其中，社会力量参与脱贫攻坚成效凸显，已经形成了扶贫特色品牌。

案例

台州海啊集团有限公司参与东西部扶贫协作助力“美丽渔村”

浙江省台州市三门县的台州海啊集团有限公司及时响应号召，迅即参与三门县对口支援苍溪县东西部扶贫协作行动，与苍溪县原石门乡中梁村签订“万企帮万村”村企结对帮扶协议，投入资金在石门中梁山中梁村建起了高山美丽的渔村。

美好蓝图跃心头。海啊集团根据中梁村素有养鱼传统的优势，结合三门县又有海产品尤其是小海鲜的养殖经验，向党委政府提出建设省级美丽渔村之构想。总体思路为“一场五基地”，即建成120亩省级苍溪鳖原种繁殖场，建成80亩家鱼养殖基地，150亩名贵鱼养殖基地，100亩稻虾综合种养示范基地，30亩标准竞技休闲垂钓和水上娱乐基地，850亩水库水塘生态鱼养殖基地。在两县党委政府支持下，梦想变蓝图，蓝图变现实，村上流转了80亩土地建起名贵鱼养殖基地。

春风化雨润心间。海啊集团依靠乡、村干部，向群众宣讲党中央脱贫攻坚政策，宣讲县委重大决策部署，宣讲乡党委政府规划方案和具体实施办法，他们与群众同吃同住同劳动，用真心换取群众的放心。经过耐心细致、苦口婆心的沟通解释，终于使全村群众都同意流转土地，加入养殖专业合作社合伙经营水产养殖业。

美丽渔村变现实。在规划与设计之初，海啊集团与村干部群众就远着眼、高起点，充分利用本村星罗棋布、蓄水丰沛的中、小型水库资源优势，凿渠引水，开挖池塘，发展水产养殖业，建设集水产养殖、旅游观光、休闲康养于一体的新时代美丽山村。中梁山已经改变了荒草萋萋炊烟少的贫困境地，变成了一座美丽的高山渔村。各种观光旅游设施、美味佳肴、山村美景、风土人情真让人流连而不忍离去。

群众从中得实惠。中梁村的美不光是体现在那些水产养殖观光旅游设施上，更体现在由贫困村变成新型渔村后，群众得到的实惠上。如今，中梁村 39 户贫困户、165 人贫困人口已全部脱贫，中梁村甩掉了贫困村的穷帽子。生于斯长于斯的中梁村人，与山水结下了不解之缘，创造了鱼跃高山的神话，他们真正把中梁山变成了金山银山，变成了中梁村人的幸福山。

广泛给力助脱贫。海啊集团在对中梁村村企结对帮扶中，在渔村建设争取三门县投入帮扶资金 100 多万元的同时，还围绕项目建设、基础设施、民生实事进行帮扶，新建面积约 4000 平方米的石门乡水产市场；在中梁村石门乡主动认亲结对，帮扶 39 户贫困户，捐赠资金 10 余万元，帮助贫困户围绕水产养殖、猕猴桃、中药材筹建脱贫增收产业园。

（二）多元践行社会帮扶，携手共帮促脱贫

自新一轮东西部扶贫协作开展以来，浙广双方广泛动员民营企业、社会组织、统一战线成员、社会爱心人士等社会力量参与扶贫，通过定向援助、捐资助学、医疗救助、支医支教、以购代捐等多形式、多领域的扶贫活动，引导社会各界累计捐款捐物 1.58 亿元，形成了人人关注扶贫、人人参与扶贫的喜人氛围。

1. 引导商会、民营企业等参与扶贫协作

一是充分挖掘广元籍成功人士和有影响力人物的人脉资源，通过商会、协会、工会、群团组织等渠道，大力募集社会捐赠。二是加强与广元籍在外成功人士的联系，吸纳动员东部发达地区的企业参与精准扶贫工作。三是优化营商环境，加大招商引资力度，推动成功人士返乡创业，引企引资入园，为贫困户早日脱贫搭建持续就业增收平台。通过商会平台和梨花节等重要节气活动推介广元市和各县（区）的优势资源、重点项目、农特产品等，招引浙商来市县区投资，发展产业，助推广元精准扶贫。例如广东温氏食品集团股份有限公司落户苍溪，通过“龙头企业 + 家庭农场 + 贫困户”的扶贫新路径，以龙头企业带动现代家庭农场平台建设，实行合作精准扶贫。

2. 鼓励引导爱心人士参与扶贫协作

搭建扶贫爱心平台，实现社会帮扶资源和扶贫协作有效对接，便于爱心人士向广元捐赠扶贫资金。发挥好“10・17”扶贫日社会动员作用，实施扶贫志愿者行动。通过商会平台发动爱心人士助力脱贫攻坚，积极动员浙江各县（区）爱心人士多次赴贫困山区和学校开展“助残、助学、助医”公益活动。将爱心人士的爱心捐款用于幼教民生帮扶，支持符合条件的贫困残疾人进行自主创业、转移就业。加强社会帮扶资金物资监督管理，统筹

仙居县社会力量帮扶旺苍县贫困学生

指导各级各部门建立社会帮扶资金物资接收发放数据库，做到入库有清单，出库精准到人。

3. 鼓励引导社会组织参与扶贫协作

积极争取工商联、红十字会等对广元地区脱贫攻坚工作的支持。争取浙江地区慈善总会项目，鼓励引导社会工作机构、志愿服务组织、社会工作者和志愿者结对帮扶广元地区，为广元地区提供专业人才和服务保障，稳步提高社会组织和志愿服务队伍的能力和水平。引导浙江—广元地区工商联、扶贫基金会、红十字会等开展供需对接活动，实施精准帮扶。依托中国社会扶贫网、“一品一家”网络平台，引导浙江富裕家庭与广元贫困户开展“远山结亲”，推行农产品以购代捐、贫困学生结对资助等活动。

4. 鼓励引导统一战线成员参与扶贫协作

广元市统一战线积极响应中央坚决打赢脱贫攻坚战号召，通过发挥广元文化特色优势和统一战线资源优势，广泛动员新的社会阶层人士和统一战线成员参与到脱贫攻坚和东西部扶贫协作中。一是强化统战核心，凝聚扶贫共识。充分立足新联会以青瓷、宝剑行业自由职业者为主要力量的特色和优势，量身定制爱心拍卖会这一帮扶载体，通过上门走访动员、发放作品募捐倡议书，组织发动新联会中青瓷、宝剑工艺美术师、生产企业报名参加活动。二是集结统战资源，汇聚扶贫力量。利用统一战线“人才集聚、智力密集、资源广泛”的特点，充分调动民主党派、非公经济人士、华侨、乡贤等参与扶贫协作。

仙居县携手旺苍县大力动员社会力量参与

自结对以来，浙江省台州市仙居县与四川省广元市旺苍县紧紧围绕决战脱贫攻坚和全面小康的目标，注重发挥社会工作力量，发动社会组织、社会各界爱心企业和人士踊跃捐款，累计捐资捐物近 2000 万元。

以基层弱势群体为帮扶重中之重。衔接仙居县阳光义工协会、仙居县广生堂商贸公司、台州老百姓好心情医药连锁的社会力量，开展“善爱仙居·圆梦大学”“善爱仙居·情系旺苍”“六一”等捐赠活动，将扶贫资源优先集中到贫困儿童、残疾群众等真正需要帮助的弱势群体上，确保每一笔社会帮扶资金能够用到实处。

从精神关怀出发深入推进社会扶贫。将帮扶重点放在关心关爱贫困留守儿童、残疾儿童等下一代的身心健康上，将帮扶措施从物质层面的基础上逐步向精神层面倾斜。组织乡村学校广泛开展“爱心助学”“千里送温暖”等活动，对留守儿童等群体进行包括学习习惯养成、日常生活照料、心理健康辅导、不良行为矫正、亲情沟通交流等方面的活动，帮助贫困儿童重新燃起对未来美好生活的向往。

形成多元化社会扶贫主体参与机制。通过加强同仙居慈善总会、仙居红十字会的联系，争取各类公益捐赠资金。建立良好的社会扶贫参与机制，及时组织相关部门和群团组织搭建好动员平台，完善政策支撑体系，鼓励引导企业、社会组织和社会各界爱心人士等参与社会扶贫，丰富和培育多元社会扶贫主体，形成了全民都参与、人人皆可为的良好工作氛围。

（三）聚焦惠及贫困人口，高质量携手奔小康

浙江对广元市的帮扶，始终坚持“开发式扶贫”方针，突出“民生优先夯基础、加快发展兴产业、增进福祉强文卫、着眼长远提素能”四大重点，始终如一地抓好对口帮扶广元市工作，推动了广元市经济社会大发展、基础设施大改善，改变了广元市的贫困面貌。

1. 助力“两不愁三保障”的实现

广元市贫困地区、贫困人口居多，依靠广元自身的发展很难在短时间内带动贫困人口脱贫，解决众多贫困人口的基本生活问题，浙江—广元扶贫协作为广元市的发展提供了丰富的资源支持与资金保障，加快实现“两不愁三保障”。一方面，浙江方的企业落户广元的各个县区，促进了工业经济的快速增长。浙江方的资金、技术、人才与广元市的资源、市场等生产要素优化组合，盘活了大量闲置资产，促进了资源转化，加快了新型工业化进程。另一方面，浙广合作的项目顺利实施，加快了社会主义新农村建设和山区群众脱贫解困的步伐。自对口帮扶工作开展以来，浙江省对口办

及浙江省经济和信息化委员会等帮扶部门和单位先后投入大量的对口帮扶资金，用于农村基础设施建设、产业发展和对口帮扶示范新村建设，切实解决了山区群众行路难、饮水难、看病难、增收难的问题，极大地改善了农村生产生活条件，增加了农民收入。同时，养羊、养兔等养殖及特色产业的培育和发展，既有效增加了帮扶村群众的经济收入，更有力地促进了全市农村产业结构的调整。从浙江方引进的先进技术，帮助广元市各县区开发了茶叶、食用菌等农业特色产业。浙江对口帮扶提高了广元市贫困地区人民的生活水平，贫困人民的吃穿得到了极大的保障。

广元市围绕“两不愁三保障”，以带动贫困人口脱贫为重心，解决贫困农民的吃穿问题，保障贫困农民的教育、医疗、住房方面的问题，从而使贫困农民的基本生活得到保障，全面建成小康社会。东西部扶贫协作作为中国特色贫困治理体系的重大创新，已经成为推动区域协调发展、协同发展、共同发展的关键举措，成为实现先富帮后富、最终实现共同富裕目标的关键路径。广元市委、市政府始终坚决贯彻落实中央、浙川两省决策部署，坚持把东西部扶贫协作作为决战决胜整体连片贫困到同步全面小康跨越的重要机遇，作为内陆地区全面开放合作的重要平台，作为后发地区实现振兴跨越的重要举措。

2. 助推全面建成小康社会

党的十八大以来，以习近平同志为核心的党中央站在中华民族伟大复兴和人类减贫事业的历史高度，精心谋划中国精准脱贫工作，把东西部扶贫协作作为实现全国脱贫攻坚工作的一个重要抓手，广元市在习近平总书记关于扶贫工作的重要论述的指引下，抢抓机遇“借梯登高”，开展东西部扶贫协作，促进全面建成小康社会的实现。

就业是民生之本，精准扶贫，就业先行。广元市各县（区）就业局以就业扶贫为重要抓手，组织实施就业，促进民生工程，大力推动创业带动就

浙江援建住院楼

业，着力提升劳动者就业创业能力，抓好重点群体就业，全县就业局势总体稳定。在具体实践方面，广元市从个人到村、乡镇、县（区）到市级，参与到就业创业的各个环节。一方面，各级领导了解辖区内建档立卡贫困户的基本就业情况，登记成册，掌握贫困劳动者到浙江就业的意愿、是否需要技能培训，以及贫困劳动者就业状态的情况，依托乡镇人力资源社会和保障服务所、村服务站，逐村逐户摸底调查，县区要汇总数据上报市级领导进行督查。另一方面，广元市充分利用浙江方的人才、科技资源等带动贫困地区发展，解决贫困人口的就业问题。广元市充分利用浙江方的可用资源，多渠道帮助贫困农民就业，带动农民就业创业的积极性，激发广元市就业创业活力，促进广元市经济发展，逐步全面建成小康社会，为实现乡村振兴战略奠定基础。

产业扶贫是稳定脱贫的根本之策。广元市深入贯彻习近平总书记关于扶贫工作的重要论述，按照党中央、国务院决策部署，大力促进贫困地区扶贫产业发展壮大，为贫困群众稳定脱贫和逐步致富提供了坚实支撑。浙广大力开展农业资源利用、农产品营销、农业科技合作、农产品质量监管和农业行业管理等方面的交流与合作。立足于广元市自身的农业资源优势，发展多种优势种养业全产业链，以市场需求为导向，按照全产业链理念打造出广元市的特色主导产业，建立多个商品生产基地，拓展产品的精深加工产业链，丰富产业的多种功能，并发展出一套休闲农业、乡村旅游和森林康养相结合的农业发展路线。在浙江方的对口帮扶下，各受扶县（区）科学编制合作规划，共建成多个东西部扶贫协作一二三产业融合发展示范园、特色农业全产业链、示范产业、特色农业产业化基地。同时，引入浙江方多家扶贫企业来广元市开展工作，建立多个产业园，引导各地的企业到产业园区进行投资，并且建立多个扶贫车间，与贫困户建立稳定的带动关系，拓宽了贫困群众就业增收渠道，解决了贫困人口的就业问题。

消费扶贫是社会力量参与脱贫攻坚的重要途径。广元市为促进贫困地区脱贫攻坚和产业长远发展，坚持政府引导、社会参与、市场运作、创新机制，着力激发全社会参与消费扶贫的积极性，着力拓宽贫困地区农产品销售渠道，推动贫困地区产品融入全国大市场，特别是借助东西部扶贫协作东风，将消费扶贫作为浙江—广元扶贫协作工作的有力抓手，与东部对口扶贫协作单位加大产销对接，构建立体式营销网络，拓宽购销渠道，有效促进了广元市贫困户增收致富。一方面，广元市采取专区专柜直销的模式，各县区分别在对应帮扶地区开设扶贫产品销售专区专柜，销售包括“广元七绝”以及多个“四川扶贫”认定产品。同时，浙江方各结对帮扶地区将消费扶贫纳入部门结对帮扶工作内容，以广元市优质的农特产品为主，开展政府集中采购活动。浙江方各结对帮扶地区扶贫办、商务局、总工会等部门出台政策，鼓励机关干部个人购买广元市扶贫产品，以此带动广元市的消费。另一方面，借助互联网带动广元市的消费。以实施国家、省电子商务进农村综合示范项目为抓手，筑牢农产品“上行”基础，发挥阿里、京东等电商平台优势，实行互联互动，资源共享，在社交平台开设网络专区，重点销售广元市扶贫产品，着力打通消费扶贫“网购”渠道。采取“互联网＋商家”模式，把各县区在浙江方设立的农特产品展销馆作为线下前沿展台，开展原产地农特产品的中转和体验，推进线上线下销售同步推进，相互促进，消费者可以尽情体验到“线上＋线下”购买广元市特产的便利。此外，广元市各县区还利用主题节会进行产品销售，带动消费。

3. 奠定乡村振兴的基础

党的十九大提出“实施乡村振兴战略”，这是新时期农业农村发展的指导方针。实施乡村振兴战略，实现从城乡发展一体化到城乡融合的转变，需要新理念、新思路、新方法。党中央、国务院高度重视乡村产业发展。产业兴旺是乡村振兴重点。实施乡村振兴战略，有利于推动农业从增产导向转向提质导向，增强我国农业创新力和竞争力，为建设现代化经济体系奠定坚实基础。浙广两地合作开展多层次、宽领域、全方位的东西部扶贫协作模式，着力精准减贫带贫、拓展区域产业合作、构建协同发展长效机制，扎实推进各项工作，为实现乡村振兴奠定了基础。

浙江—广元扶贫协作背景下，广元市坚持“资源共享、市场共建、优势互补、互利共赢”的原则，围绕“一核四带六链”产业发展总体布局及六大特色优势产业，集聚资源优势，找准两地互利合作切入点，多层次深化产业合作，助推广元市构建现代化产业体系。一是出台优惠支持政策，各受扶县（区）细化制定现代农业、新型工业、生态康养旅游业、现代

昭化区栖凤峡旅游度假区

服务业等方面优惠政策，在财税、金融、土地、服务等方面为浙江等地来广元市投资的企业提供政策优惠，增强各地企业来广元市投资吸引力。二是全面推动招商推介，促成东部大型企业同广元市达成投资意向并促成东部企业入驻广元市，覆盖新型工业、现代农业、生态康养旅游业等多重领域的合作。三是深入加强旅游合作，加大两地互为文化旅游目的地和客源地建设力度，为浙江省干部职工打造了多个疗休养基地。

广元市围绕“携手奔小康”目标，聚焦稳定脱贫、共同奔小康，以组织领导为引领、帮扶项目为重心、产业合作为突破、人才支援为动力、劳务协作为支撑，着力精准减贫带贫、深化产业合作、构建协同发展长效机制，务实推动浙江方产业结构调整优化和广元市主导产业发展的有机衔接，落实各项优惠政策，竭力搞好协调服务，充分发挥浙江企业的资金、技术、品牌、市场等优势，打造浙广合作产业园区，助推全面建成小康社会。浙江方坚持造血与输血并重、扶志扶智与扶贫同步，从完善硬件、教育培训、挂职锻炼、远程培训等方面入手，大幅提升广元市贫困群众自我发展的能力，为广元市的发展奠定坚实的人才基础。浙广合作逐渐由政府主导推动扩展到社会共同参与，由单一扶贫帮扶拓展到多领域交流合作，两地商贸流通规模不断扩大，产、供、销配套机制逐步建立，彻底改变了贫困面貌，如期实现了全面建成小康社会，为乡村振兴奠定了基础。

后　记

集川陕革命老区、边远山区、集中连片贫困地区和地震重灾区“四区合一”的四川省广元市，牢记习近平总书记嘱托，自强不息、奋勇拼搏，在短短几年内，实现 7 个县区全部摘帽，739 个贫困村全部退出，34.8 万人贫困人口全部脱贫的减贫治贫、圆梦小康的人间奇迹。广元市在全面建成小康的征程中，有千里之外的浙江省的无私帮扶而变得非同寻常：时任浙江省省委书记习近平的“两封来信”“一次视察”“一次接见”和成为大国领袖之后批示浙江捐赠“白叶一号”茶苗给广元的人民情怀，在广元大地春风化雨；东西部扶贫协作的中国特色减贫制度在广元实践创新；浙江 24 年不间断对广元持续帮扶，将邻里互助的传统美德演绎为千里守望的人间大爱。广元与浙江东西部扶贫协作走过的 24 年非同寻常的历程和取得的非凡成就，成为减贫治贫的历史丰碑，铭刻在两地人民心中，必将激励两地在协同发展、共同富裕的道路上再携手同行，共创美好。

为了系统回顾历史，牢记嘱托、铭记恩情，在发展新阶段继往开来、击鼓奋进，广元市委在2020年初7个县区全部通过脱贫摘帽验收后，决定组织力量全面系统总结东西部扶贫协作实践经验。2020年5月，在中国扶贫发展中心的指导下，广元市扶贫开发局对外发布项目公告征集研究团队，选择华中师范大学社会学院实施《我们手拉手　共同奔小康——浙江广元东西部扶贫协作的实践创新及其启示》研究项目。6月19日，中国扶贫发展中心召集广元市有关部门、华中科技大学减贫发展中心、华中师范大学社会学院召开广元市脱贫攻坚总结研究项目方案评审暨启动会，组织专家学者对广元市脱贫攻坚总结研究两个项目实施方案进行评审，讨论安排项目启动工作。随后，华中师范大学社会学院陈琦副教授牵头组建的课题组赴广元市利州区、昭化区、朝天区、苍溪县、旺苍县、剑阁县、青川县开展实地调研，广元市委书记王菲两次接见课题组专家并介绍广元情况，广元市相关市领导和市级部门负责人参与座谈，全面介绍情况并提供翔实资料。课题组在调研结束后，分工负责完成广元课题研究报告撰写工作。

本研究成果是集体创作的结晶。华中师范大学社会学院陈琦副教授负责综合报告撰写，专题报告撰稿人分别是：西北农林科技大学人文社会发展学院王蒙讲师负责第一、二部分，华中师范大学社会学院李雪萍教授、吕明月博士负责第三部分，华中师范大学社会学院顾永红副教授负责第四部分。广元市委书记王菲和有关领导及市发展改革委、市扶贫开发局相关负责人对课题报告提出宝贵意见。12月，中国扶贫发展中心召开广元市脱贫攻坚总结研究项目结项评审会，组织专家对项目成果进行评审，与会专家充分肯定了项目成果。

中国扶贫发展中心主任、北京大学贫困治理研究中心主任黄承伟研究员全程指导课题研究和报告撰写，负责报告稿审定，中国扶贫发展中心副主任曾佑志、罗朝立，金融扶贫处负责人李国强同志先后对项目研究给予支持和指导。中国社会科学院社会学研究所研究员王晓毅，中国农业大学人文与发展学院教授左停，北京师范大学中国扶贫研究院院长、教授张琦，复旦大学六次产业研究院常务副院长、教授王小林，中国农业科学院农产品加工研究所研究员张春晖，华中科技大学减贫发展中心主任、教授向德平，研究出版社张博先后对课题研究、报告与书稿修改提出了指导意见。在此一并表示感谢！

课题组

2021 年 1 月

图书在版编目（CIP）数据

协调发展道路 ：浙江广元东西部扶贫协作的实践/
中国扶贫发展中心组织编写 . -- 北京 ：研究出版社 , 2021.3
ISBN 978-7-5199-0853-9

Ⅰ . ①协… Ⅱ . ①中… Ⅲ . ①扶贫－研究－广元
Ⅳ . ① F127.713

中国版本图书馆 CIP 数据核字（2021）第 044565 号

协调发展道路：浙江—广元东西部扶贫协作的实践

XIETIAO FAZHAN DAOLU:
ZHEJIANG-GUANGYUAN DONGXIBU FUPIN XIEZUO DE SHIJIAN

中国扶贫发展中心　组织编写

责任编辑：王卓然

研究出版社 出版发行
（10011　北京市朝阳区安华里 504 号 A 座）

河北赛文印刷有限公司　新华书店经销

2021 年 3 月第 1 版　2021 年 3 月北京第 1 次印刷
开本：710 毫米 ×1000 毫米　1/16　印张：13
字数：174 千字

ISBN 978-7-5199-0853-9　定价：42.00 元

邮购地址 100011　北京市朝阳区安华里 504 号 A 座
电话（010）64217619　64217612（发行中心）